Grade Pre-2

英検®準2級

出る順で最短合格！
単熟語EX

英検 最短合格シリーズ

🔊📄 MP3音声＆復習問題シート 無料ダウンロード ＋ 🗂 暗記用フィルター

ジャパンタイムズ＆ロゴポート 編

The Japan Times

「英検」は、公益財団法人 日本英語検定協会の登録商標です。

はじめに

　英検®では、語句の正しい使い方や読解力、そしてリスニング力と、さまざまな英語の力が試されます。しかし、それらのどの問題を解くにも、出題される語句を知っていること、つまり語い力は必要不可欠です。

　本書の前身『出る順で最短合格！英検準2級単熟語』では、こうした語い力が効率よく身につくよう過去問をデータベース化し、出題のされ方を1問1問、文字通り「徹底分析」しました。そして合格に必要だと判断された単語、熟語、構文、会話表現を重要度順に配列し、過去問で出題された意味、使われ方を、シンプルで覚えやすい例文とともにまとめました。

　幸い、この『出る順』は多くの方から好意的な評価をいただくことができましたが、アップグレード版である『出る順で最短合格！英検®準2級単熟語EX』では、約10万語からなる最新7年分の過去問を分析することで収録項目を一から見直し、さらに長文問題などに必要な語句をまとめたPICK UP!のコーナーを新設することで、600語句を超える大増強を行いました。また、派生語や、語法情報などをまとめた「知っ得」コラムも大幅に強化しました。さらに、リスニングのトレーニングのために、すべての見出し語句と英語の例文を収録したMP3形式の音声を無料ダウンロードの形でご用意しました。

　したがって、本書を隅から隅まで学習すれば、語い問題からリスニングや面接にいたるまで、準2級の試験で出題されるさまざまな問題に対処する総合的な力をしっかりと身につけることができます。

　皆さんが本書を使って準2級合格に必要な語い力を身につけ、合格の栄冠を手にされることを、心よりお祈りしています！

編者

目次 CONTENTS

はじめに …… 002
本書の使い方 …… 004

単語編 (0001〜0840) …… 008
PICK UP! ▶ 1 日々の生活に関する言葉 …… 176

熟語編 (0841〜1140) …… 180
PICK UP! ▶ 2 買い物・娯楽に関する言葉 …… 240

構文編 (1141〜1190) …… 244
PICK UP! ▶ 3 仕事に関する言葉 …… 254

会話表現編 (1191〜1262) …… 258
PICK UP! ▶ 4 自然・学問に関する言葉 …… 270

索引 …… 273

カバー・本文デザイン	清水裕久 (Pesco Paint)
イラスト	島津敦 (Pesco Paint)
DTP組版	株式会社明昌堂
ナレーション	Rachel Walzer／Howard Colefield／田中亜矢子
録音・編集	ELEC録音スタジオ

音声収録時間：約3時間12分

本書の使い方

本書は、皆さんが準2級の合格に必要な語い力をつけられるよう、7年分の過去問題を1問1問丁寧に分析して作られています。掲載されているすべての情報を有効に活用するために、使い方をご紹介しましょう。

1. 重要度

過去問のデータ分析に基づき、重要度を3段階で判定しました。

2. チェックボックス

各項目にはチェックボックスがついています。確実に身につくまで、繰り返し学習しましょう。

3. 見出し項目

見出し項目は重要度順に並んでいます。

4. 発音記号（第1品詞）

発音記号は米音を採用しています。

5. 訳語

訳語は、過去問の分析でよく出る、あるいは要注意と判断されたものを取り上げています。暗記用フィルターで隠して覚えましょう。

6. 派生語情報・不規則変化

見出し語と派生関係にある語句の情報を取り上げています。参照先の項目も確認しておきましょう。また、不規則変化する動詞の活用形も掲載しています。

● アイコンの見方

- 名 ……… このアイコンは見出し項目の品詞を表します。
- 動 ……… このアイコンは派生語の品詞を表します（活用は不規則変化をする動詞の活用形）。
- 人 ……… このアイコンは人を表す語が入ることを表します（英語の音声では someone と読んでいます）。
- ☞ ……… このアイコンは参照すべき項目を表します。
- ♥ ……… このアイコンは注意すべき訳語を表します。

8. 例文

すべての見出し項目に、出題される意味や語法に沿ったシンプルで覚えやすい例文をつけました（会話表現編は、実践力を養うため会話形式になっています）。例文ごと覚えれば、語句の使い方が身につき、読解力のアップにもつながります。

9. 音声ファイルの番号

〈見出し語句➡日本語訳➡英語の例文／会話表現編は英語の例文のみ／PICK UP! は見出し語➡日本語訳〉を収録したMP3音声がダウンロードできます（p. 006参照）。耳で聞き、自分でも発音してみることで、記憶はよりしっかりと定着し、リスニング力アップにもつながります。

10. PICK UP!

各パート末に、ジャンル別にまとめた英単語のページを設けました。ここで取り上げた語句を覚えておけば、長文読解にも焦らずに対応することができます。

7. 「知っ得！」コラム

過去問の分析から、試験でねらわれることがわかった語法情報や、学習に役立つポイントなどを「知っ得！」コラムとしてまとめました。

音声ファイル／復習問題シートのダウンロードの方法

この本に対応する音声ファイル(MP3形式)と復習問題シート(PDF)は、以下のURLより無料でダウンロードすることができます。復習問題シートには、各パートの最重要項目の例文穴埋め問題が収録されています。

http://bookclub.japantimes.co.jp/tanjukugo

* ブラウザのバージョンや端末の状況によって、時間がかかる場合がございます。
* 音声ファイルはZIP形式に圧縮されていますので、ソフトなどで解凍したうえでご利用ください。

単語編

「単語編」では、準2級で出題される重要な単語840項目を見ていくよ。
試験対策の基本となるのは、なんといっても単語。例文で使い方を確認しながら一つひとつ覚えていこう。意味はもちろん、派生語や不規則動詞の活用などもしっかり覚えていくことが大切だよ。

語彙問題でも長文問題、リスニング問題でも、とてもよく出題される単語だよ。完ぺきになるまで覚えよう。

| 0001 | **expensive** [ɪkspénsɪv] | 形 高価な | 知っ得！反対語はcheap、inexpensive(安い)だよ。 |

| 0002 | **move** [múːv] | 動 引っ越す；〜を動かす ☞ 0669 | |

| 0003 | **later** [léɪtər] | 副 あとで；〜後に | 知っ得！15 years laterなら「15年後に」という意味だよ。 |

| 0004 | **actually** [ǽktʃuəli] | 副 実は、本当に | |

| 0005 | **choose** [tʃúːz] | 動 〜を選ぶ 活用 choose-chose-chosen ☞ 0211 | |

| 0006 | **lose** [lúːz] | 動 〜をなくす；《試合など》に負ける 活用 lose-lost-lost | |

| 0007 | **order** [ɔ́ːrdər] | 動 (〜を)注文する 名 注文 | 知っ得！「オーダーする」は日本語にもなっているね。 |

| 0008 | **honey** [hʌ́ni] | 名 あなた、君；はちみつ | 知っ得！「あなた、君」は呼びかけで使うよ。 |

| 0009 | **miss** [mís] | 動 〜に乗り遅れる；〜を見逃す ☞ 0544 | 知っ得！「〜がいなくて寂しく思う」という意味も覚えておこう。 |

| 0010 | **borrow** [bárou] | 動 〜を借りる | 知っ得！反対語はlend(〜を貸す)だよ。 |

The concert tickets were quite **expensive**.	そのコンサートのチケットはかなり高かった。
Our company **moved** to Osaka.	私たちの会社は大阪に引っ越した。
I'll call you **later**.	あとで電話します。
Actually, I'm getting married to John in June.	実は、ジョンと6月に結婚するの。
He was **chosen** to be the head cook.	彼はコック長に選ばれた。
She **lost** her train ticket.	彼女は電車の切符をなくした。
He **ordered** a sandwich.	彼はサンドイッチを注文した。
How about eating out tonight, **honey**?	あなた、今晩は外食するのはどう?
I **missed** the last bus yesterday.	私はきのう、終バスに乗り遅れた。
Can I **borrow** your notebook until Monday?	月曜日までノートを借りてもいいですか。

重要度

0011	**cost** [kɔ́ːst]	動 《費用》がかかる 名 費用

| 0012 | **recently** [ríːsntli] | 副 最近、近ごろ
形 recent 最近の |

| 0013 | **clothes** [klóuz] | 名 服 | 知っ得! 集合的に「衣服」を表すよ。 |

| 0014 | **idea** [aɪdíːə] | 名 考え |

| 0015 | **leave** [líːv] | 動 ～を残す、忘れる ; (～を)出発する
活用 leave-left-left |

| 0016 | **special** [spéʃəl] | 形 特別な
名 特別料理、おすすめメニュー |

| 0017 | **arrive** [əráɪv] | 動 到着する |

| 0018 | **own** [óun] | 形 自分自身の
動 ～を所有する |

| 0019 | **check** [tʃék] | 動 ～を調べる、確認する | 知っ得!「チェックする」は日本語にもなっているね。 |

| 0020 | **cheap** [tʃíːp] | 形 安い
副 cheaply 安く | 知っ得! 反対語はexpensive(高価な)だよ。 |

It **costs** eight dollars to send this package by air.	この小包を航空便で送るのに8ドルかかる。
Recently, she's been busy with her club.	最近、彼女はクラブで忙しい。
He bought some **clothes** at that shop.	彼はあの店で服を買った。
All of us liked his **idea** very much.	私たちは皆、彼の考えがとても気に入った。
Yesterday, I **left** my umbrella on the train.	きのう、私は電車に傘を忘れた。
The store is having a **special** sale right now.	その店では今、特別セールをしている。
We **arrived** at the hotel at about 4 p.m.	私たちは午後4時ごろにホテルに到着した。
She started her **own** company last year.	彼女は去年、自分自身の会社を始めた。
Can you **check** the weather report?	天気予報を確認してもらえますか。
The car was really **cheap**.	その車はとても安かった。

重要度

0021	**spend** [spénd]	動 《金》を使う；《時》を過ごす 活用 spend-spent-spent
0022	**remember** [rimémbər]	動 ～を覚えている；(～を)思い出す
0023	**hurt** [hə́ːrt]	動 ～を傷つける；痛む 活用 hurt-hurt-hurt　知っ得！受け身の形で使われることも多いよ。
0024	**area** [éəriə]	名 地域
0025	**return** [ritə́ːrn]	動 ～を返す；帰る
0026	**date** [déit]	名 日取り、日付　知っ得！英検ではメール文書の日付を表す使われ方が多いよ。
0027	**forget** [fərgét]	動 (～を)忘れる 活用 forget-forgot-forgotten
0028	**introduce** [ìntrəd(j)úːs]	動 ～を紹介する；～を導入する 名 introduction 紹介、導入
0029	**grow** [gróu]	動 ～を育てる；成長する 活用 grow-grew-grown
0030	**fix** [fíks]	動 ～を修理する；《問題》を解決する

I **spend** more than 50 dollars on books every month.	私は毎月、本に50ドル以上使う。
Do you **remember** our classmate Joe?	同級生のジョーを覚えていますか。
I **hurt** my left hand when I was playing basketball.	バスケットボールをしている最中に、左手を痛めた。
There aren't many stores in this **area** of town.	町のこの地域には店があまりない。
Please **return** the books to the library quickly.	早急に図書館に本を返却してください。
I'd like to change the **date** of the next meeting.	次のミーティングの日取りを変更したいのですが。
I **forgot** the title of the movie.	私はその映画のタイトルを忘れた。
I'll **introduce** you to the team members.	チームのメンバーにあなたのことを紹介しましょう。
My mother is **growing** some vegetables in the garden.	母は庭で野菜を育てている。
Can you **fix** the printer?	プリンターを修理してもらえますか。

重要度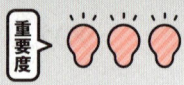

| 0031 | **instead** [ɪnstéd] | 副 その代わりに |

| 0032 | **accident** [ǽksədənt] | 名 事故；思いがけない出来事 「交通事故」はtraffic accidentだよ。 |

| 0033 | **several** [sévərəl] | 形 いくつかの |

| 0034 | **recommend** [rèkəménd] | 動 ～を推薦する 名 recommendation 推薦 |

| 0035 | **repair** [rɪpéər] | 動 ～を修理する 名 修理、修繕 |

| 0036 | **worry** [wə́ːri] | 動 心配する |

| 0037 | **pay** [péɪ] | 動 (～を)払う 活 pay-paid-paid pay attention to ～(～に注意を払う)という熟語が出題されたこともあるよ。 |

| 0038 | **hold** [hóʊld] | 動 ～を催す；～を握る 活 hold-held-held |

| 0039 | **damage** [dǽmɪdʒ] | 動 ～に損害[損傷]を与える 名 損害、ダメージ |

| 0040 | **crowded** [kráʊdɪd] | 形 混雑した 名 crowd 人込み |

I'm busy next Saturday. How about Sunday, **instead**?	今度の土曜日は忙しいんです。代わりに日曜日ではどうですか。
I got into an **accident** last week while riding my bike.	先週、自転車に乗っていて事故にあった。
I've been to the United States **several** times.	私は何度かアメリカに行ったことがある。
Could you **recommend** a good restaurant?	よいレストランを薦めていただけませんか。
It'll take a few days to **repair** this car.	この車を修理するには2、3日かかる。
Don't **worry** about that.	そのことは心配しなくていいよ。
Can I **pay** by credit card?	クレジットカードで支払えますか。
We are going to **hold** a birthday party for Chris next Friday.	私たちは今度の金曜日にクリスの誕生日パーティーを開く予定だ。
The typhoon **damaged** our village badly.	その台風は私たちの村に大きな損害を与えた。
The subway was very **crowded** this morning.	けさ地下鉄はとても込んでいた。

重要度

0041	**flight** [fláɪt]	名 飛行機の便、空の旅	
0042	**carry** [kǽri]	動 〜を運ぶ	
0043	**else** [éls]	副 ほかに	知っ得! elseの前には、somethingやanyoneなどの代名詞がくるよ。
0044	**luckily** [lʌ́kəli]	副 運よく 名 luck 運 形 lucky 幸運な	
0045	**safe** [séɪf]	形 安全な、無事の ☞ 0300、0506	知っ得! 反対語はdangerous（危険な）だよ。
0046	**share** [ʃéər]	動 〜を分け合う	知っ得! share A with Bで「AをBと共有する」という意味だよ。
0047	**wrong** [rɔ́(ː)ŋ]	形 間違った 副 wrongly 間違って	
0048	**work** [wə́ːrk]	動 作動する、動く❓ ; 役に立つ❓ 名 作品	知っ得! workは「働く」以外に左のような意味でも出題されるので覚えておこう。
0049	**someday** [sʌ́mdèɪ]	副 いつか	
0050	**like** [láɪk]	前 〜のような❓	

How was your **flight**?	空の旅はいかがでしたか。
The old man was **carrying** a heavy bag.	その老人は重いかばんを運んでいた。
Do you know anyone **else** who speaks French?	ほかにだれかフランス語を話せる人を知りませんか。
Luckily, I was able to catch the last train for Tokyo.	運よく、私は東京行きの最終電車に乗ることができた。
Keep your key in a **safe** place.	かぎは安全な場所に保管しなさい。
I **share** a room **with** my brother.	私は弟と部屋を共同で使っている。
I took the **wrong** bus today.	私はきょう間違ったバスに乗ってしまった。
My computer doesn't **work** at all.	私のコンピューターは全然動かない。
My dream is to become a jazz singer **someday**.	私の夢はいつかジャズシンガーになることだ。
Bob likes Japanese food, **like** sushi or tempura.	ボブは寿司やてんぷらのような和食が好きだ。

重要度

0051	**experience** [ɪkspíəriəns]	名 経験 動 〜を経験する	
0052	**broken** [bróukən]	形 壊れた、故障した	知っ得! break(〜を壊す)の過去分詞が形容詞化したものだよ。
0053	**view** [vjúː]	名 眺め、景色 動 〜を眺める	
0054	**quickly** [kwíkli]	副 急速に、急いで 形 quick 素早い	
0055	**exchange** [ɪkstʃéɪndʒ]	動 〜を交換する; 〜をやりとりする	知っ得! exchange studentは「交換留学生」という意味。
0056	**offer** [ɔ́(ː)fər]	動 〜を提供する 名 提供	
0057	**however** [hauévər]	副 しかしながら	
0058	**cancel** [kǽnsl]	動 〜を中止する、キャンセルする	
0059	**reason** [ríːzn]	名 理由	知っ得! for this reason(このようなわけで)というフレーズも覚えておこう。
0060	**named** [néɪmd]	形 〜という名前の	

Studying in England was a good **experience** for me.	イギリスに留学したことは私にとっていい経験になった。
This air conditioner is **broken**.	このエアコンは壊れている。
The room has a great **view**.	その部屋は眺めがいい。
The TV drama became popular **quickly**.	そのテレビドラマは急に人気が出た。
I'd like to **exchange** this sweater for a bigger one.	このセーターをもっと大きいサイズと交換したいのですが。
The website **offers** a wide variety of useful information for travelers.	そのウェブサイトは旅行者に役立つさまざまな情報を提供している。
They practiced very hard. **However**, they still lost the game.	彼らは一生懸命に練習した。しかしながら、それでも試合に負けてしまった。
They had to **cancel** the event because of the typhoon.	彼らは台風のためにそのイベントを中止しなければならなかった。
Tell me the **reason** you were late for school this morning.	どうしてけさ学校に遅刻したのか、理由を言いなさい。
They have a daughter **named** Alice.	彼らにはアリスという名前の娘がいる。

重要度

| 0061 | **reservation** [rèzərvéɪʃən] | 名 (部屋・座席などの)予約 ☞0197 | 知っ得! make a reservationで「予約する」という意味。 |

| 0062 | **feed** [fíːd] | 動 ~に餌[食事]を与える 活用 feed-fed-fed |

| 0063 | **finally** [fáɪnəli] | 副 やっと ☞0419 |

| 0064 | **enter** [éntər] | 動 ~に入る;《競技など》に参加する ☞0155 |

| 0065 | **event** [ɪvént] | 名 出来事、イベント |

| 0066 | **mean** [míːn] | 動 ~を意味する 活用 mean-meant-meant ☞0497 |

| 0067 | **chance** [tʃæns] | 名 機会、チャンス | 知っ得! 「チャンス」は日本語にもなっているね。 |

| 0068 | **suggest** [səgdʒést] | 動 ~を提案する | 知っ得! suggestの後ろのthat節の中は動詞が原形になるよ。 |

| 0069 | **meal** [míːl] | 名 食事 |

| 0070 | **save** [séɪv] | 動 ~を蓄える; ~を節約する | 知っ得! 「~を救う、《データなど》をセーブする」という意味で出題されたこともあるよ。 |

I'd like to **make a reservation** for three people tonight.	今晩、3名で予約をしたいのですが。
Please do not **feed** the animals.	動物に餌を与えないでください。
I **finally** passed the test on the third try.	私は3回目の挑戦でやっとテストに合格した。
He **entered** the building through one of the windows.	彼は窓の一つから建物に入った。
They planned an **event** for the children.	彼らは子ども向けのイベントを企画した。
What does this word **mean**?	この単語はどういう意味ですか。
I didn't have many **chances** to talk to her at the party.	私はパーティーで彼女と話す機会があまりなかった。
Laura **suggested** that we take a short break.	ローラは少し休憩を取ることを提案した。
Adam made his mother a **meal** for her birthday.	アダムは母の誕生日に、母に食事を作ってあげた。
He is **saving** money to buy a new guitar.	彼は新しいギターを買うためにお金を貯めている。

重要度

0071	**exercise** [éksərsàɪz]	名 運動 動 運動する
0072	**rent** [rént]	動 〜を貸借する；〜を賃貸する
0073	**surprised** [sərpráɪzd]	形 驚いた ☞ 0235、0610	知っ得！ 動詞surprise（〜を驚かす）の過去分詞が形容詞化したものだよ。
0074	**nature** [néɪtʃər]	名 自然 ☞ 0282
0075	**design** [dɪzáɪn]	動 〜をデザインする 名 デザイン	知っ得！ 「デザイン」は日本語にもなっているね。つづりに注意しよう。
0076	**taste** [téɪst]	動 〜な味がする；〜の味をみる 名 味 ☞ 0585
0077	**glad** [glǽd]	形 うれしい
0078	**rest** [rést]	動 休む 名 休み；残り
0079	**increase** [[動]ɪnkríːs [名]ínkriːs]	動 増える、増加する；〜を増やす 名 増加	知っ得！ 反対語はdecrease（減る）だよ。
0080	**disappointed** [dìsəpɔ́ɪntɪd]	形 がっかりした

I try to get some **exercise** every day.	私は毎日運動するように心がけている。
He wants to **rent** an apartment near his office.	彼はオフィスの近くにアパートを借りたいと思っている。
The boy was **surprised** by what she said.	その少年は彼女の話に驚いた。
We enjoyed the beauty of **nature** in the mountains.	私たちは山の中で自然の美しさを楽しんだ。
He **designed** the team's uniform.	彼はチームのユニホームをデザインした。
This vegetable soup **tastes** sweet.	この野菜スープは甘い味がする。
I'm **glad** you like my present.	私のプレゼントを気に入ってもらえてうれしいです。
You should **rest** in bed if you're still feeling a bit sick.	まだ気分が悪いなら、ベッドで休んだほうがいいですよ。
The number of foreign tourists is **increasing** every year.	外国人観光客の数は年々増えている。
He was **disappointed** to hear the test result.	彼はテストの結果を聞いてがっかりした。

0081	**instrument** [ínstrəmənt]	名 楽器；道具、器具
0082	**improve** [ɪmprúːv]	動 ～を向上させる；向上する、改善する ☞ 0383
0083	**degree** [dɪgríː]	名 (温度などの)度
0084	**graduate** [grǽdʒuèɪt]	動 卒業する ☞ 0170 「～を卒業する」という場合は後ろにfromがつくことに気をつけよう。
0085	**toy** [tɔ́ɪ]	名 おもちゃ
0086	**interview** [íntərvjùː]	名 面接、インタビュー 動 ～にインタビューする 「インタビュー」は日本語にもなっているね。
0087	**plant** [plǽnt]	動 ～を植える 名 植物
0088	**control** [kəntróʊl]	動 ～を制御する、管理する
0089	**waste** [wéɪst]	名 無駄 動 ～を浪費する
0090	**dangerous** [déɪndʒərəs]	形 危険な 名 danger 危険 副 dangerously 危険なほど

I'd like to start learning a new **instrument**.	私は新しい楽器を習い始めたい。
He is studying hard to **improve** his English skills.	彼は英語力を向上させるために一生懸命勉強している。
The temperature will go up to 35 **degrees** tomorrow.	あすは気温が35度まで上がるでしょう。
After I **graduate from** college, I would like to live by myself.	大学を卒業したら、一人暮らしをしたい。
He bought a **toy** train for his children.	彼は子どもたちにおもちゃの電車を買った。
I have a job **interview** tomorrow.	私はあした就職の面接を受ける。
We **planted** tomatoes in the field.	私たちは畑にトマトを植えた。
It was difficult for the young teacher to **control** his class.	その若い教師がクラスを管理するのは難しかった。
It's a **waste** of time and money.	それは時間とお金の無駄だ。
It's **dangerous** to swim in that river.	その川で泳ぐのは危険だ。

0091	**extra** [ékstrə]	形 余分の；追加の 名 追加料金

0092	**customer** [kʌ́stəmər]	名 (店などの)客 — ホテルやパーティーなどの「客」はguestというよ。

0093	**local** [lóukl]	形 地元の

0094	**serve** [sə́ːrv]	動《飲食物》を出す ☞ 0564

0095	**lately** [léɪtli]	副 最近 — 「遅く」はlatelyではなくlateなので注意しよう。

0096	**discount** [dískàunt]	名 割引

0097	**notice** [nóutəs]	動 ～に気がつく 名 通知

0098	**publish** [pʌ́blɪʃ]	動 ～を出版する

0099	**decide** [dɪsáɪd]	動 ～を決める 名 decision 決定 ☞ 0874

0100	**low** [lóu]	形《値段が》安い；低い — 反対語はhigh(高い)だよ。

Do you have an **extra** pencil?	余分な鉛筆は持っていませんか。
The supermarket was crowded with **customers**.	スーパーはお客で込み合っていた。
She returned to her hometown to work for a **local** company.	彼女は地元の会社で働くために故郷に戻った。
The restaurant **serves** Mexican food.	そのレストランはメキシコ料理を出す。
I haven't seen Chris **lately**.	最近クリスを見かけない。
Do you give a student **discount**?	学割はありますか。
I **noticed** that he was wearing the same shoes as me.	私は彼が私と同じ靴をはいていることに気がついた。
His first novel was **published** in 2015.	彼の最初の小説は2015年に出版された。
Have you **decided** where to go for summer vacation?	夏休みにどこに行くか決めましたか。
I got the motorbike at a **low** price.	私はバイクを安い値段で手に入れた。

重要度

0101	**raise** [réɪz]	動 《資金》を集める	
0102	**temperature** [témpərtʃər]	名 温度、気温	
0103	**project** [prɑ́dʒèkt]	名 計画、プロジェクト；研究課題	知っ得！「プロジェクト」は日本語にもなっているね。
0104	**hide** [háɪd]	動 〜を隠す；隠れる 活用 hide-hid-hidden	
0105	**careful** [kéərfl]	形 注意深い 副 carefully 注意深く	知っ得！care（注意）+ -ful（満ちた）でできた語だよ。
0106	**quit** [kwít]	動 （〜を）辞める 活用 quit-quit-quit	
0107	**friendly** [fréndli]	形 親切な、人なつっこい	知っ得！-lyで終わるけど、形容詞だよ。
0108	**drop** [drɑ́p]	動 〜を落とす	
0109	**private** [práɪvət]	形 個人的な、私用の ☞ 0647	知っ得！反対語はpublic（公的な）だよ。
0110	**cash** [kǽʃ]	名 現金	

They **raised** money to build a new church.	彼らは新しい教会を建てるためにお金を集めた。
The **temperature** is 25 degrees outside.	外の気温は25度だ。
They are working on a new **project**.	彼らは新しいプロジェクトに取り組んでいる。
She **hid** the present under the bed.	彼女はベッドの下にプレゼントを隠した。
Be **careful** when you use the knife.	包丁を使うときには気をつけなさい。
He had to **quit** his job because of health reasons.	彼は健康上の理由で仕事を辞めなければならなかった。
Her classmates are all **friendly** to her.	彼女の同級生は皆、彼女に親切だ。
She **dropped** an egg on the floor.	彼女は床に卵を落とした。
He seldom talks about his **private** life.	彼は私生活についてはめったに話さない。
The boy didn't have enough **cash** to buy an ice cream.	その男の子にはアイスクリームを買う十分なお金がなかった。

0111	**perform** [pərfɔ́ːrm]	動 (〜を)演じる、演奏する ☞ 0299
0112	**somewhere** [sʌ́mwèər]	副 どこかへ
0113	**fail** [féɪl]	動 (《試験など》に)落ちる 名 failure 失敗、落第
0114	**relax** [rɪlǽks]	動 くつろぐ、リラックスする ☞ 0577 「リラックスする」は日本語にもなっているね。
0115	**strange** [stréɪndʒ]	形 奇妙な、変な ☞ 0639
0116	**explain** [ɪkspléɪn]	動 〜を説明する 名 explanation 説明
0117	**homestay** [hóʊmstèɪ]	名 ホームステイ
0118	**bake** [béɪk]	動 《パン・ケーキなど》を焼く 特にオーブンで「焼く」場合に使うよ。
0119	**easily** [íːzəli]	副 簡単に、たやすく 形 easy 簡単な
0120	**pretty** [príti]	副 かなり、けっこう 「かわいい」以外に「かなり」の意味があることを覚えておこう。

We **performed** a play at the school festival.	私たちは学園祭で劇を上演した。
Why don't we go **somewhere** for lunch?	お昼を食べにどこかへ行きませんか。
I **failed** the math test.	私は数学の試験に落ちた。
It's good for your health to **relax** in the bath.	風呂でくつろぐのは健康にいい。
I heard **strange** noises from outside.	外から変な音が聞こえた。
Please **explain** why you were absent from work yesterday.	どうしてきのう会社を休んだのか説明してください。
I did a **homestay** in Canada last year.	私は去年、カナダでホームステイをした。
She **baked** a chocolate cake for dessert.	彼女はデザートにチョコレートケーキを焼いた。
The old chair broke very **easily**.	その古いいすはとても簡単に壊れた。
They were **pretty** tired after the hard practice.	彼らはきつい練習のあとでかなり疲れていた。

0121	**melt** [mélt]	動 ~をとかす；とける

0122	**especially** [ɪspéʃəli]	副 特に

0123	**decorate** [dékərèɪt]	動 ~を飾る	知っ得！ 名詞形のdecoration（飾り、デコレーション）は日本語にもなっているね。

0124	**truth** [trúːθ]	名 真実、本当のこと 形 true 本当の

0125	**healthy** [hélθi]	形 健康な、健康的な 副 healthily 健康的に 名 health 健康	知っ得！ 反対語は「非-」を表すun-のついたunhealthy（非健康的な）だよ。

0126	**guess** [gés]	動 ~ではないかと思う、推測する

0127	**noisy** [nɔ́ɪzi]	形 うるさい、騒々しい ☞ 0145

0128	**successful** [səksésfl]	形 成功した ☞ 0199、0267

0129	**co-worker** [kóuwə̀ːrkər]	名 同僚	知っ得！ co-は「ともに」を意味する。co-workerは「ともに働く人」なので「同僚」。

0130	**solve** [sɑ́lv]	動 ~を解く、解決する

She **melted** the butter in the oven.	彼女はオーブンでバターをとかした。
I like reading novels, **especially** adventure stories.	私は小説を読むのが好きだ。特に冒険ものが好きだ。
She **decorated** her room with flowers.	彼女は部屋を花で飾った。
I don't think he is telling the **truth**.	私は彼が本当のことを言っていないと思う。
You should try to eat **healthy** food.	あなたは健康的な食事を心がけるべきだ。
I **guess** it's a good way to relax.	それはリラックスするよい方法ではないかと思う。
She couldn't sleep well because her neighbors were being **noisy**.	近所の人たちがうるさくて、彼女はよく眠れなかった。
The project was very **successful**.	そのプロジェクトは大成功だった。
My father often goes drinking with his **co-workers**.	父はよく同僚と飲みに行く。
We have to **solve** this problem by next week.	私たちは、この問題を来週までに解決しなければならない。

重要度

| 0131 | **package** [pǽkɪdʒ] | 名 小包 |

| 0132 | **heavily** [hévəli] | 副 激しく
形 heavy 重い |

知っ得!
heavy（重い）の副詞形だけど、英検では「（雨・雪などが）激しく」の意味で出題されているよ。

| 0133 | **sink** [síŋk] | 動 沈む
活用 sink-sank-sunk
名 流し台、シンク |

| 0134 | **volunteer** [vɑ̀ləntíər] | 名 ボランティア
動 ボランティア活動を行う |

知っ得!
volunteer work（ボランティアの仕事）のような形容詞の使い方もあるよ。

| 0135 | **protect** [prətékt] | 動 ～を守る、保護する
名 protection 保護 |

| 0136 | **attention** [əténʃən] | 名 注目 |

| 0137 | **directly** [dəréktli] | 副 直接 |

| 0138 | **generation** [dʒènəréɪʃən] | 名 世代 |

| 0139 | **climate** [kláɪmət] | 名 気候 |

| 0140 | **nobody** [nóʊbədi] | 代 だれも～ない |

知っ得!
筆記大問1で出題されているよ。

I'd like to send this **package** to France.	この小包をフランスに送りたいのですが。
Suddenly, it began to rain **heavily**.	急に、雨が激しく降り出した。
The toy boat **sank** into the pond.	そのおもちゃの船は池に沈んだ。
He works as a **volunteer** at a local library.	彼は地元の図書館でボランティアとして働いている。
Those sunglasses **protect** your eyes from the strong sunlight.	そのサングラスは強い日の光から目を守る。
Her beautiful dress got everyone's **attention**.	彼女の美しいドレスはみんなの注目を浴びた。
Does this bus go **directly** to City Hall?	このバスは直接市役所に行きますか。
That song is popular among younger **generation**.	その曲は若い世代に人気がある。
These flowers only grow in dry **climates**.	これらの花は乾燥した気候でしか育たない。
I called the office, but **nobody** answered.	事務所に電話したが、だれも出なかった。

No.	単語	発音	品詞・意味	知っ得!
0141	**argument**	[άːrgjəmənt]	名 口げんか、口論 動 argue 〜だと主張する	
0142	**whole**	[hóul]	形 すべての、全部の; (時間・距離などが)まる〜	for a whole weekで「まる1週間」という意味。
0143	**nearby**	[nìərbái]	副 近くに	
0144	**count**	[káunt]	動 〜を数える、計算する	
0145	**noise**	[nɔ́iz]	名 (不快な)音、騒音 ☞ 0127	make a noiseで「物音を立てる」という意味。
0146	**downtown**	[dáuntáun]	副 繁華街へ、繁華街で 名 繁華街	
0147	**advice**	[ədváis]	名 助言、アドバイス 動 advise 〜を助言する	adviceは数えられない名詞だよ。
0148	**excellent**	[éksələnt]	形 素晴らしい	
0149	**access**	[ǽkses]	動 〜に接続する、アクセスする; 〜に行く、接近する	「(インターネット上で)アクセスする」は日本語にもなっているね。
0150	**receive**	[rɪsíːv]	動 〜を受け取る	

They had a big **argument** over a small thing yesterday.	彼らはきのう、ささいなことで大げんかをした。
She made lunch for her **whole** family.	彼女は家族全員分の昼食を作った。
Is there a convenience store **nearby**?	近くにコンビニはありますか。
Can you help me **count** these stamps?	この切手を数えるのを手伝ってくれますか。
The **noise** from the street was really loud.	通りの騒音がものすごくうるさかった。
We went **downtown** to see a movie.	私たちは映画を見に繁華街へ行った。
Yumi's uncle gave her **advice** about her future.	ユミのおじは彼女に将来のことについてアドバイスをしてくれた。
The curry at that Thai restaurant is **excellent**.	あのタイレストランのカレーは素晴らしい。
Can I **access** the Internet at your hotel?	そちらのホテルではインターネットにアクセスすることはできますか。
I **received** a package from Australia.	私はオーストラリアからの小包を受け取った。

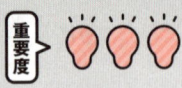

No.	語	発音	意味
0151	**gather**	[gǽðər]	動 集まる；〜を集める
0152	**quality**	[kwάləti]	名 品質、質 — high-quality（高品質の）、top-quality（最高の品質の）のような形で使われることもあるよ。
0153	**allow**	[əláu]	動 〜を許可する
0154	**fight**	[fáit]	動 （〜と）けんかをする、戦う 活用 fight-fought-fought／名 けんか
0155	**entrance**	[éntrəns]	名 入り口；入ること ☞ 0064
0156	**admit**	[ədmít]	動 〜を認める
0157	**nervous**	[nə́ːrvəs]	形 緊張した
0158	**allergy**	[ǽlərdʒi]	名 アレルギー — 発音に注意しよう。
0159	**interest**	[íntərəst]	名 興味、関心；興味の対象、趣味
0160	**whisper**	[wíspər]	動 ささやく

A lot of young musicians **gathered** to attend the event.	多くの若いミュージシャンがそのイベントに参加するために集まった。
That digital camera is very high **quality**.	そのデジタルカメラの品質はとてもいい。
Using cell phones in this room is not **allowed**.	この部屋では、携帯電話の使用が許可されていない。
He often **fights** with his classmates.	彼はよく同級生とけんかをする。
Let's meet at the library **entrance**.	図書館の入り口で会いましょう。
She **admitted** that she had taken the money.	彼女はお金を取ったことを認めた。
I was very **nervous** before the interview.	私は面接の前、とても緊張していた。
He has an **allergy** to eggs.	彼は卵に対するアレルギーがある。
The boy has a strong **interest** in insects.	その少年は昆虫に強い関心がある。
I could not hear what she **whispered**.	私は彼女がささやいたことが聞き取れなかった。

0161	**judge** [dʒʌdʒ]	動 ～の審査をする
0162	**loud** [láud]	形 うるさい、大声の 副 loudly 騒々しく、大声で
0163	**anyway** [éniwèi]	副 とにかく
0164	**explore** [ɪksplɔ́ːr]	動 ～を探検する、探索する 名 exploration 探検
0165	**create** [kriéɪt]	動 ～を作る、生み出す 形 creative 創造的な ☞ 0318 (知っ得！ game creator（ゲームクリエイター）は「ゲームを作る人」のことだよ。)
0166	**limit** [límət]	名 制限 動 ～を制限する 形 limited 限られた
0167	**outside** [àutsáɪd]	副 外で、外側に 前 ～の外で
0168	**promise** [prámǝs]	動 ～を約束する 名 約束
0169	**below** [bɪlóu]	前 ～の下に、～より下に (知っ得！ 反対語はabove（～の上に）だよ。)
0170	**graduation** [grædʒuéɪʃən]	名 卒業 ☞ 0084

He has **judged** several photo contests.	彼はこれまでいくつかの写真コンテストの審査をしてきた。
The rock music was really **loud**.	そのロックミュージックはとてもうるさかった。
Anyway you should try it again.	とにかく、もう一度やってみるべきだよ。
As soon as they arrived, they **explored** the city.	到着するとすぐに、彼らはその街を散策した。
He **created** a new PC game.	彼はパソコン用の新しいゲームを作った。
We had a time **limit** of three days to finish the job.	私たちには、その仕事を終えるのに3日の時間制限があった。
I'll wait for you **outside**.	外で待っています。
He **promised** he would pay me back the $100.	彼は私に100ドル返すことを約束した。
The temperature gets down **below** zero in winter here.	ここでは冬には気温が零度以下まで下がる。
I'm planning to go to college after **graduation**.	私は卒業後、大学に行く予定だ。

重要度 ★★★

| 0171 | **empty** [émpti] | 形 空の、空いている |

| 0172 | **boring** [bɔ́ːrɪŋ] | 形 退屈させる、つまらない |

知っ得！ bore（〜を退屈させる）の現在分詞が形容詞化したものだよ。

| 0173 | **comfortable** [kʌ́mftəbl] | 形 心地よい、快適な
副 comfortably 心地よく、快適に |

| 0174 | **similar** [símələr] | 形 似ている |

| 0175 | **decrease** [[動]dìːkríːs [名]díːkriːs] | 動 減る、減少する；〜を減らす
名 減少 |

知っ得！ 反対語はincrease（増える）だよ。

| 0176 | **communicate** [kəmjúːnəkèɪt] | 動 意思疎通する
名 communication 意思疎通、コミュニケーション |

| 0177 | **appointment** [əpɔ́ɪntmənt] | 名 （医者などの）予約、（面会の）約束 |

知っ得！ 「アポを取る」の「アポ」はappointmentを略したカタカナ語だよ。

| 0178 | **divide** [dɪváɪd] | 動 〜を分ける |

| 0179 | **prepare** [prɪpéər] | 動 《食事など》を作る；準備をする
名 preparation 準備 |

| 0180 | **imagine** [ɪmǽdʒɪn] | 動 〜を想像する
名 imagination 想像力 |

知っ得！ image（イメージ）も同じ語源の単語だよ。

Are there any **empty** seats on that flight?	その便にはまだ空いている席はありますか。
The show was **boring**, so I changed channels.	その番組はつまらなかったので、私はチャンネルを変えた。
This is the most **comfortable** sofa I've ever sat on.	このソファーはこれまで座った中で一番座り心地がいい。
Adam and his father have **similar** voices.	アダムとお父さんは声が似ている。
The number of students in this elementary school is **decreasing**.	この小学校の生徒数は減少している。
We can **communicate** with people around the world on the Internet.	私たちはインターネットで世界中の人々と意思疎通できる。
I have an **appointment** with Dr. Hill at 9 a.m.	午前9時にヒル医師の診察を予約してある。
The students were **divided** into groups of four.	生徒たちは4人ずつのグループに分けられた。
Naomi sometimes **prepares** meals for her family.	ナオミは時々、家族のために食事を作る。
I can't **imagine** life without convenience stores.	コンビニのない生活なんて想像できない。

| 0181 | **article** [áːrtɪkl] | 名 記事 |

| 0182 | **surround** [səráund] | 動 ～を囲む |

| 0183 | **cause** [kɔ́ːz] | 動 ～の原因となる
名 原因 |

| 0184 | **collect** [kəlékt] | 動 ～を集める、収集する ☞ 0297 |

知っ得！ collector（コレクター）は「集める人」のことだね。

| 0185 | **secret** [síːkrət] | 名 秘密
形 秘密の
副 secretly こっそり |

| 0186 | **trust** [trʌ́st] | 動 ～を信頼する |

| 0187 | **fever** [fíːvər] | 名 熱 |

| 0188 | **neighborhood** [néɪbərhùd] | 名 地区、地域；近所 |

| 0189 | **research** [ríːsəːrtʃ] | 名 研究、調査
動 ～を調査する、調べる |

| 0190 | **energy** [énərdʒi] | 名 元気、活力 |

知っ得！ 発音に注意しよう。

He wrote some interesting **articles** for his college newspaper.	彼は大学の新聞にいくつかの興味深い記事を書いた。
My town is **surrounded** by beautiful mountains.	私の町は美しい山々に囲まれている。
Using cell phones while driving **causes** many car accidents.	運転中の携帯電話の使用は多くの自動車事故の原因となっている。
She likes **collecting** foreign coins.	彼女は外国のコインを集めるのが好きだ。
Don't tell anybody. This is a **secret**.	だれにも言わないでね。これは秘密よ。
You can **trust** her word.	彼女の言うことは信頼できる。
He had a high **fever** yesterday.	彼はきのう高い熱があった。
I'd like to live in a quieter **neighborhood**.	私はもう少し静かな区域に住みたい。
We did some **research** on the use of smartphones.	私たちはスマートフォンの利用に関する調査を行った。
Do you have enough **energy** to finish all this work today?	きょう、この仕事をすべて終わらせる元気はありますか。

No.	単語	発音	意味
0191	**mind**	[máɪnd]	動 ～を気にする、嫌だと思う 名 考え、気持ち；心
0192	**part-time**	[pɑ́ːrttàɪm]	形 パートタイムの、非常勤の 知っ得！ 反対語はfull-time（フルタイムの、常勤の）だよ。
0193	**custom**	[kʌ́stəm]	名 慣習、習慣
0194	**pack**	[pǽk]	動 ～を詰める；～に（荷物を）詰める
0195	**contact**	[kɑ́ːntækt]	動 ～に連絡する 名 接触 知っ得！ contact with ～とは言わないので注意しよう。
0196	**exhibition**	[èksəbíʃən]	名 展覧会
0197	**reserve**	[rɪzə́ːrv]	動 《部屋など》を予約する ☞ 0061
0198	**announcement**	[ənáʊnsmənt]	名 アナウンス、お知らせ、発表 ☞ 0256
0199	**succeed**	[səksíːd]	動 成功する ☞ 0128、0267
0200	**medicine**	[médəsn]	名 薬 形 medical 医療の

They didn't **mind** working on weekends.	彼らは週末に働くのを嫌がらなかった。
The shop is looking for **part-time** workers.	その店はパートの従業員を募集している。
This **custom** is common in Eastern European countries.	この慣習は東ヨーロッパの国々では一般的だ。
He **packed** his clothes in the suitcase.	彼はスーツケースに服を詰めた。
I will **contact** you by e-mail later.	後ほどメールで連絡します。
They are having a photo **exhibition** of animals in the museum.	美術館で動物写真の展覧会を開催している。
You can **reserve** hotel rooms online.	オンラインでホテルの部屋を予約することができる。
The teacher made an important **announcement** after class.	授業のあと、先生は重要な発表をした。
The operation **succeeded**, and she recovered soon after.	手術は成功し、彼女は間もなく回復した。
The doctor gave him some cold **medicine**.	医者は彼に風邪薬を出した。

No.	単語	発音	意味	知っ得!
0201	recipe	[résəpi]	名 料理法、レシピ	つづりに注意しよう。
0202	victory	[víktəri]	名 勝利	
0203	park	[pá:rk]	動 〜を駐車する、止める 名 公園	parking lot(駐車場)という表現も覚えておこう。
0204	bite	[báɪt]	動 〜をかむ、〜にかみつく 活用 bite-bit-bitten 名 軽食、食べ物	
0205	weigh	[wéɪ]	動 〜の重さがある ☞ 0523	
0206	scene	[síːn]	名 (映画・小説などの)場面、シーン	「シーン」は日本語にもなっているね。
0207	material	[mətíəriəl]	名 原料、素材	
0208	pass	[pǽs]	動 〜に合格する；〜を通り過ぎる	「(試験に)パスする」は日本語にもなっているね。
0209	completely	[kəmplíːtli]	副 完全に、すっかり ☞ 0411	
0210	spirit	[spírət]	名 気迫、意気込み	fighting spirit(闘志、闘争心)という表現も覚えておこう。

My mother taught me this **recipe**.	母がこのレシピを教えてくれた。
We celebrated our **victory** in the final game.	私たちは決勝戦の勝利を祝った。
He couldn't find a place to **park** his car.	彼は車を止める場所を見つけることができなかった。
Don't worry. This dog never **bites** people.	心配しないで。この犬は決して人をかまないから。
The big baby **weighed** 4,500 grams when he was born.	その大きな赤ちゃんは、生まれたとき4,500グラムの体重があった。
There were a lot of beautiful **scenes** in the movie.	その映画には美しいシーンがたくさんあった。
This product is made from high-quality **materials**.	この製品は高品質の素材で作られている。
He **passed** the driving test.	彼は運転免許の試験に合格した。
I **completely** forgot my boyfriend's birthday.	私はボーイフレンドの誕生日を完全に忘れていた。
The players showed good **spirit** in the game.	選手たちは試合中、気迫を見せた。

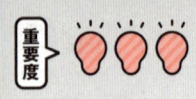

0211	**choice** [tʃɔ́ɪs]	名 選択の範囲、選択肢 ☞0005	
0212	**ready** [rédi]	形 準備ができている	
0213	**perhaps** [pərhǽps]	副 もしかすると	知っ得! maybeもほとんど同じ意味の言葉。
0214	**signal** [sígnl]	名 信号；合図	
0215	**unusual** [ʌnjúːʒuəl]	形 普通でない、珍しい	知っ得! usual（普通の）に否定を表すun-がついてできた単語だよ。
0216	**condition** [kəndíʃən]	名 状態、コンディション；状況	
0217	**ideal** [aɪdíːəl]	形 理想的な	知っ得! アクセントに注意しよう。
0218	**activity** [æktívəti]	名 行動、活動 形 active 活動的な	
0219	**achieve** [ətʃíːv]	動 《目的など》を達成する 名 achievement 業績	
0220	**provide** [prəváɪd]	動 〜を与える、提供する	知っ得! provide A with Bで「AにBを与える」という意味。

You have a **choice** of five colors.	5色のうちからお選びいただけます。
We are **ready** for the Christmas party.	クリスマスパーティーの準備ができた。
I'm busy this week, but **perhaps** I'll be able to meet you next week.	今週は忙しいですが、もしかしたら来週ならお会いできるかもしれません。
Don't walk until the **signal** turns green.	信号が青になるまで渡ってはだめですよ。
This restaurant serves many **unusual** foods.	このレストランは珍しい食べ物をたくさん出している。
This old painting has been kept in good **condition**.	この古い絵はいい状態に保たれている。
This park is in the **ideal** place for watching the sunset.	この公園は夕日を見るのに理想的な場所にある。
A lot of young people took part in the volunteer **activities**.	多くの若者がそのボランティア活動に参加した。
Our company **achieved** this year's sales goal.	わが社は今年の売り上げ目標を達成した。
The Internet **provides** us **with** a lot of information.	インターネットは私たちにたくさんの情報を与えてくれる。

0221	**flat** [flǽt]	形 平らな、平坦な
0222	**hunt** [hʌ́nt]	動 狩りをする；〜を狩る 名 hunter ハンター
0223	**regular** [réɡjələr]	形 標準の；規則的な ☞ 0243
0224	**narrow** [nǽrou]	形 (幅が)狭い 知っ得！「(面積が)狭い」という場合はsmallを使うよ。
0225	**agree** [əɡríː]	動 同意する、賛成する；〜を認める ☞ 0545
0226	**bright** [bráit]	形 明るい；輝いている 知っ得！反対語はdark(暗い)だよ。 副 brightly 明るく
0227	**spelling** [spélɪŋ]	名 つづり 動 spell (〜を)つづる
0228	**freeze** [fríːz]	動 凍る 活用 freeze-froze-frozen
0229	**totally** [tóutəli]	副 まったく、すっかり 形 total 全部の、全体の
0230	**tradition** [trədíʃən]	名 伝統、慣習 形 traditional 伝統的な

There is a small **flat** area at the top of the hill.	丘の上には小さな平地がある。
Wolves live and **hunt** in groups.	オオカミは集団で生活し、狩りをする。
This engine is quieter than **regular** ones.	このエンジンは標準的なエンジンより静かだ。
This road is so **narrow** that big trucks can't drive on it.	この道路は狭いので、大きなトラックは通れない。
I thought it was a good movie, but my friend doesn't **agree**.	私は面白い映画だと思ったが、友人は同意しない。
She often wears **bright** color clothes.	彼女はよく明るい色の服を着ている。
There are some **spelling** mistakes in your paper.	あなたの小論文にはいくつかのつづりのミスがある。
It was so cold last night that the water in the bucket **froze**.	ゆうべはとても寒くてバケツの水が凍った。
I **totally** forgot that the important meeting was on the next day.	私は重要な会議が翌日だということをすっかり忘れていた。
Japan has a **tradition** of celebrating New Year's Day.	日本にはお正月を祝う伝統がある。

重要度 💡💡💡

0231	**available** [əvéɪləbl]	形 手に入る、利用できる;《人が》手が空いている	
0232	**score** [skɔ́ːr]	動 ～を得点する 名 点数、得点	知っ得！「スコア」は日本語にもなっているね。
0233	**recover** [rɪkʌ́vər]	動 回復する 名 recovery 回復	
0234	**amount** [əmáʊnt]	名 量、額	
0235	**surprise** [sərpráɪz]	名 驚き、意外なこと 動 ～を驚かせる ☞ 0073、0610	知っ得！surprise party（サプライズパーティー）という表現も覚えておこう。
0236	**attend** [əténd]	動 ～に出席する、参加する	
0237	**cross** [krɔ́s]	動 交差する;～を渡る、横断する	
0238	**adult** [ədʌ́lt]	名 大人、成人	
0239	**confuse** [kənfjúːz]	動 ～を混乱させる	
0240	**organization** [ɔ̀ːrɡənəzéɪʃən]	名 組織、団体 ☞ 0534	

The tickets are **available** online.	そのチケットはオンラインで手に入る。
He **scored** two points at the end of the game.	彼は試合の最後に2点を得点した。
It took over a year for my father to **recover** from his illness.	父が病気から回復するのに1年以上かかった。
There is a huge **amount** of information on the Internet.	インターネット上には膨大な量の情報が流れている。
What a pleasant **surprise** to see you here!	ここであなたに会えるなんて何て奇遇なんでしょう。
He broke his leg, so he couldn't **attend** the meeting.	彼は足を骨折したので、会議に出席できなかった。
Those two streets **cross** three kilometers from here.	それら2つの通りはここから3キロのところで交差する。
It costs $50 for two **adults** and one child.	大人2人と子ども1人で50ドルだ。
His story **confused** me a lot.	彼の話は私をとても混乱させた。
He created an art **organization**.	彼は芸術団体を組織した。

0241	**government** [gʌ́vərnmənt]	名 政府
0242	**impossible** [ɪmpɑ́səbl]	形 ありえない；不可能な 〈知っ得！〉possible（ありうる、可能な）に否定を表すim-がついてできた単語だよ。
0243	**regularly** [réɡjələrli]	副 規則的に、定期的に ☞ 0223
0244	**direction** [dərékʃən]	名 道順、行き方；方向
0245	**record** [[動]rɪkɔ́ːrd [名]rékərd]	動 ～を記録する；～を録画[録音]する 名 記録
0246	**trade** [tréɪd]	動 ～を交換する、取引する
0247	**yell** [jél]	動 大声で叫ぶ
0248	**pour** [pɔ́ːr]	動 ～を注ぐ、つぐ
0249	**survive** [sərváɪv]	動 生き残る、存続する 〈知っ得！〉名詞形のsurvival（サバイバル、生き残ること）は日本語にもなっているね。
0250	**joke** [dʒóʊk]	名 冗談

The **government** doesn't allow the hunting of those animals.	政府はそれらの動物の狩猟を認めていない。
It's **impossible** for everyone to agree on everything all the time.	皆がいつもすべてのことに同意するなんてありえない。
He goes to the gym **regularly**.	彼は定期的にジムに通っている。
Can you send me **directions** to your house?	あなたの家への行き方を送ってもらえますか。
He **recorded** the temperature every day during summer vacation.	彼は夏休みの間、毎日気温を記録した。
The boy sometimes **trades** games with his friends.	その男の子は時々、友だちとゲームを交換している。
She went out on the balcony and **yelled** for help.	彼女はベランダに出てきて、助けを求めて大声で叫んだ。
She **poured** a cup of coffee and put some sugar in it.	彼女はカップにコーヒーを注いで砂糖を入れた。
The plant can **survive** months without water.	その植物は水なしに数か月生き延びることができる。
Everyone laughed at his **joke**.	みんな彼の冗談に笑った。

| 0251 | **countryside** [kʌ́ntrisàɪd] | 名 田舎 |

| 0252 | **clear** [klíər] | 形 澄んだ、きれいな
副 clearly はっきりと |

| 0253 | **voyage** [vɔ́ɪɪdʒ] | 名（特に船・空の長い）旅 |

| 0254 | **lend** [lénd] | 動 〜を貸す
活用 lend-lent-lent |

| 0255 | **space** [spéɪs] | 名 場所、スペース；宇宙　知っ得！「スペース」は日本語にもなっているね。 |

| 0256 | **announce** [ənáʊns] | 動 〜を発表する、公表する
☞ 0198 |

| 0257 | **locate** [lóʊkeɪt] | 動《建物など》を置く、設置する　知っ得！ be locatedで「位置する、ある」という意味だよ。
名 location 場所、位置 |

| 0258 | **pretend** [prɪténd] | 動 〜のふりをする |

| 0259 | **distance** [dístəns] | 名 距離 |

| 0260 | **unfortunately** [ʌnfɔ́ːrtʃənətli] | 副 不幸にも、残念ながら　知っ得！反対語はfortunately（幸い）だよ。 |

Last month, I visited my grandfather in the **countryside**.	先月、私は田舎の祖父を訪ねた。
The lake water was deep and **clear**.	湖は深く、澄んでいた。
They went on a **voyage** to Europe.	彼らはヨーロッパへの船旅に出た。
I **lent** some CDs to Laura yesterday.	私はきのうローラに何枚かCDを貸した。
This house has enough **space** for a family of five.	この家には5人家族に十分なスペースがある。
The company **announced** that it would build a new factory in China.	その会社は中国に新しい工場を建設すると発表した。
Our house **is located** in the center of Tokyo.	私たちの家は東京の中心部にある。
He **pretended** that he was asleep.	彼は眠っているふりをした。
What's the **distance** between the Earth and the moon?	地球と月の間の距離はどのくらいですか。
Unfortunately, he had his passport stolen at the airport.	不幸にも、彼は空港でパスポートを盗まれた。

重要度 💡💡💡

| 0261 | **earn** [ə́ːrn] | 動 《金》を稼ぐ |

| 0262 | **lead** [líːd] | 動 ～を導く；（結果などに）つながる
活用 lead-led-led
形 主な |

| 0263 | **spot** [spɑ́t] | 名 染み、汚れ；場所、地点 |

| 0264 | **receipt** [rɪsíːt] | 名 領収書、レシート　知っ得！ つづりに注意しよう。 |

| 0265 | **across** [əkrɔ́(ː)s] | 前 ～を横切って、渡って；～の向こう側に |

| 0266 | **seem** [síːm] | 動 ～のように思われる |

| 0267 | **success** [səksés] | 名 成功
☞ 0128, 0199 |

| 0268 | **forgive** [fərgív] | 動 ～を許す
活用 forgive-forgave-forgiven |

| 0269 | **technology** [teknɑ́lədʒi] | 名 （科学）技術　知っ得！ 「テクノロジー」は日本語にもなっているね。 |

| 0270 | **die** [dáɪ] | 動 死ぬ |

I **earn** about $2,000 a month.	私は月に約2,000ドル稼いでいる。
The teachers **led** the students to a safer place.	教員たちは生徒を安全な場所に誘導した。
There were some **spots** on his shirt.	彼のシャツにはいくつか染みがあった。
I want a **receipt** for this book.	この本の領収書が欲しいのですが。
She walked **across** the main street.	彼女は大通りを歩いて渡った。
He **seemed** excited to hear my idea.	彼は私のアイデアを聞いて興奮しているようだった。
The movie festival was a big **success**.	その映画フェスティバルは大成功だった。
Mr. Miller **forgave** me for being late.	ミラー先生は私が遅刻したのを許してくれた。
New **technology** is used to make these cell phone screens.	これらの携帯電話の画面を作るのに新しい技術が使われている。
Our cat **died** last week.	先週、うちのネコが死んだ。

No.	単語	発音	意味	備考
0271	**support**	[səpɔ́ːrt]	動 ～を支援する、支える；～を応援する	
0272	**delay**	[dɪléɪ]	動 ～を遅らせる 名 遅れ、遅延	be delayedで「遅れる」という意味になるので注意しよう。
0273	**grade**	[gréɪd]	名 成績；学年	
0274	**memory**	[méməri]	名 記憶力；思い出	
0275	**hardly**	[hɑ́ːrdli]	副 ほとんど～ない	notが入っていなくても否定の意味の文になるよ。
0276	**treat**	[tríːt]	動 ～を扱う	
0277	**cure**	[kjúər]	名 治療、治療法 動 ～を治療する	
0278	**side**	[sáɪd]	名 側	
0279	**produce**	[prəd(j)úːs]	動 ～を生産する、製造する ☞ 0306	
0280	**slide**	[sláɪd]	動 ～を滑らせる、スライドさせる；滑る 活用 slide-slid-slid	sliding（スライディング）は「滑り込む」ことだね。

A lot of volunteers are **supporting** the activity.	多くのボランティアがその活動を支援している。
Our arrival **was delayed** because of the heavy snow.	私たちの到着は大雪のために遅れた。
She got a good **grade** in math.	彼女は数学でいい成績をとった。
The girl has a good **memory**.	その少女は記憶力がいい。
It was so dark outside that we could **hardly** see each other.	外はとても暗くて、私たちはお互いがほとんど見えなかった。
Many people **treat** their dogs as family members.	多くの人は犬を家族の一員として扱う。
The team found a new **cure** for the disease.	チームはその病気の新しい治療法を発見した。
I saw Meg on the other **side** of the pool.	プールの向こう側にメグが見えた。
The factory **produces** car parts.	その工場は車の部品を製造している。
He **slid** the door to the right.	彼はドアを右にスライドさせた。

0281	**wave** [wéɪv]	名 波 動 《手・旗など》を振る	
0282	**natural** [nǽtʃərəl]	形 自然の、自然のままの；生まれつきの ☞ 0074	
0283	**reply** [rɪpláɪ]	動 返事をする 名 返事	
0284	**burn** [bə́ːrn]	動 ～を焦がす；燃える	
0285	**develop** [dɪvéləp]	動 ～を開発する	
0286	**request** [rɪkwést]	動 ～を頼む、依頼する 名 依頼、要請	知っ得！「リクエストする」という日本語にもなっているね。
0287	**anniversary** [æ̀nəvə́ːrsəri]	名 記念日、～周年	
0288	**disagree** [dìsəgríː]	動 同意しない、異議を唱える	知っ得！ agree（同意する）に反対を意味するdis-がついてできた語だよ。
0289	**follow** [fálou]	動 ～に従う；～のあとをついていく ☞ 0510	
0290	**warn** [wɔ́ːrn]	動 ～に警告する、注意する 名 warning 警告	

A big **wave** is coming!	大きな波が来ているよ!
They try to eat as much **natural** food as possible.	彼らはなるべくたくさん自然食品を食べるようにしている。
I **replied** to her e-mail right away.	私はすぐに彼女のメールに返信した。
Don't **burn** the frying pan.	フライパンを焦がさないでください。
The company **developed** a new medicine.	その会社は新しい薬を開発した。
Please use this form to **request** more information.	さらに情報を請求するには、この用紙をお使いください。
The company celebrated their 30th **anniversary**.	その会社は創立30周年を祝った。
Some people **disagreed** with my idea.	何人かの人が私の考えに異議を唱えた。
You should **follow** your parents' advice.	あなたはご両親の忠告に従うべきだ。
He **warned** me not to walk alone around there at night.	彼は私にそのあたりを夜一人で歩かないようにと注意した。

語彙問題でも長文問題、リスニング問題でも、よく出題される単語だよ。しっかり覚えよう。

| 0291 | **fairly** [féərli] | 副 公平に；かなり |

| 0292 | **block** [blάk] | 動 ～を妨害する、ふさぐ |

| 0293 | **invent** [ɪnvént] | 動 ～を発明する、考案する |

| 0294 | **nowadays** [náʊədèɪz] | 副 近ごろでは　知っ得! ふつう現在の文で使うよ。 |

| 0295 | **disease** [dɪzíːz] | 名 病気 |

| 0296 | **influence** [ínfluəns] | 動 ～に影響を及ぼす
名 影響 |

| 0297 | **collection** [kəlékʃən] | 名 収蔵品、コレクション；収集　☞ 0184　知っ得!「コレクション」は日本語にもなっているね。 |

| 0298 | **join** [dʒɔ́ɪn] | 動 ～に加わる |

| 0299 | **performance** [pərfɔ́ːrməns] | 名 演技、演奏　☞ 0111 |

| 0300 | **safely** [séɪfli] | 副 無事に、安全に　☞ 0045、0506 |

The teacher always treats students **fairly**.	その教師はいつも生徒を公平に扱う。
A big rock **blocked** the road.	大きな岩が道をふさいでいた。
Do you know who **invented** the telephone?	あなたはだれが電話を発明したか知っていますか。
Nowadays, some people have more than one cell phone.	近ごろでは複数の携帯電話を持つ人もいる。
When she was seven, she suffered from a serious **disease**.	彼女は7歳のときに重い病気にかかった。
His advice greatly **influenced** her works.	彼の助言は彼女の作品に大きな影響を与えた。
The museum has a **collection** of about 1,000 paintings.	その美術館は約1,000点の絵画のコレクションを所蔵している。
I want to **join** the soccer team.	私はそのサッカーチームに入りたい。
The band's **performance** was great.	そのバンドの演奏は素晴らしかった。
He returned home **safely** from the war.	彼は戦争から無事に帰還した。

重要度 💡💡💡

| 0301 | **opinion** [əpínjən] | 名 意見 |

| 0302 | **train** [tréɪn] | 動 (〜を)訓練する
名 電車 | 知っ得! 名詞形のtraining(トレーニング、訓練)は日本語にもなっているね。 |

| 0303 | **hire** [háɪər] | 動 〜を雇う |

| 0304 | **discovery** [dɪskʌ́vəri] | 名 発見
☞ 0503 |

| 0305 | **schedule** [skédʒuːl] | 名 スケジュール、予定 | 知っ得! アクセントに注意しよう。 |

| 0306 | **product** [prάdəkt] | 名 製品、産物
☞ 0279 |

| 0307 | **skill** [skíl] | 名 技能、スキル | 知っ得! 「スキル」は日本語にもなっているね。 |

| 0308 | **shake** [ʃéɪk] | 動 〜を振る、揺らす
活用 shake-shook-shaken |

| 0309 | **otherwise** [ʌ́ðərwàɪz] | 副 そうでなければ；その他の点では |

| 0310 | **century** [séntʃəri] | 名 世紀 | 知っ得! centuryのcentは「100」を意味しているよ。 |

I'd like your **opinion** about our project.	私たちのプロジェクトに関するご意見をいただきたいのですが。
She **trained** for months before the race.	彼女はレースの前、何か月もトレーニングした。
The supermarket is going to **hire** some people next month.	そのスーパーは来月、何人か雇う予定だ。
He made a great **discovery** in math when he was a student.	彼は学生時代に数学で大きな発見をした。
I'm afraid my **schedule** is full next week.	すみませんが、来週は予定がいっぱいです。
That shop sells high-quality **products**.	あの店では品質のよい製品を売っている。
He has good communication **skills**.	彼にはすぐれたコミュニケーション能力がある。
The earthquake **shook** the houses.	地震で家々が揺れた。
Let's run. **Otherwise**, we'll be late.	走ろう。そうでないと遅れちゃうよ。
The story was written in the 18th **century**.	その物語は18世紀に書かれた。

0311	**sharp** [ʃáːrp]	形 鋭い 副 sharply 鋭く
0312	**corner** [kɔ́ːrnər]	名 角(かど)
0313	**ancestor** [ǽnsestər]	名 祖先、先祖
0314	**bark** [báːrk]	動 ほえる
0315	**lonely** [lóunli]	形 寂しい

知っ得！ -lyで終わるけど形容詞だよ。

0316	**image** [ímɪdʒ]	名 映像、画像；イメージ、印象

知っ得！ 発音・アクセントに注意しよう。

0317	**memorize** [méməràɪz]	動 〜を暗記する
0318	**creation** [kriéɪʃən]	名 創造 ☞ 0165
0319	**scream** [skríːm]	動 叫び声を出す、悲鳴を上げる
0320	**repeat** [rɪpíːt]	動 (〜を)繰り返す、繰り返して言う

This knife is very **sharp** and cuts well.	このナイフはとても鋭くて、よく切れる。
The post office is on the **corner**.	郵便局は角にある。
His **ancestors** came from a small village in Italy.	彼の先祖はイタリアの小さな村の出身だ。
Our neighbor's dog started to **bark** loudly.	隣の家の犬が大声でほえだした。
When he moved to Chicago, he felt **lonely**.	シカゴに引っ越したとき、彼は寂しい気持ちになった。
The photo **image** was not very clear.	その写真の画像はあまり鮮明ではなかった。
I tried to **memorize** the whole poem.	私はその詩をすべて暗記しようとした。
This idea led to the **creation** of a new business.	このアイデアは新しいビジネスの創造をもたらした。
She **screamed** loudly when she saw the snake.	彼女はへびを見ると、大声で悲鳴を上げた。
I don't want to **repeat** the same mistake.	私は同じ間違いを繰り返したくない。

No.	単語	発音	意味
0321	**wish**	[wíʃ]	動 〜を望む

知っ得! 実現不可能だったり、実現する可能性の低い望みを表すことが多いよ。

0322	**capital**	[kǽpətəl]	名 首都

0323	**freedom**	[fríːdəm]	名 自由 形 free 自由な

0324	**smell**	[smél]	名 におい、香り 動 においがする

0325	**recognize**	[rékəgnàɪz]	動 〜が（だれか[何か]）わかる

0326	**wild**	[wáɪld]	形 野生の 副 wildly 荒々しく

知っ得! in the wild（野生で）、wildlife（野生生物）という語句も覚えておこう。

0327	**simple**	[símpl]	形 単純な、簡単な ☞ 0395

0328	**height**	[háɪt]	名 高さ 形 high 高い

知っ得! つづりに注意しよう。

0329	**shortage**	[ʃɔ́ːrtɪdʒ]	名 不足 形 short 不足した、短い

0330	**adventure**	[ədvéntʃər]	名 冒険

Hideo **wished** he could buy a new car.	ヒデオは新しい車が買えたらいいのにと思った。
What is the **capital** of Brazil?	ブラジルの首都はどこですか。
The people in that country won their **freedom** at last.	その国の人々はついに自由を勝ち取った。
Nick likes the **smell** of coffee very much.	ニックはコーヒーの香りが大好きだ。
I didn't **recognize** my father when I saw him at the station.	私は駅で父を見かけたとき、父だとはわからなかった。
You can see many **wild** deer in the area.	その地域では多くの野生のシカを見ることができる。
The rules of the game are very **simple**.	そのゲームのルールはとても簡単だ。
The **height** of the tower is 60 meters.	そのタワーの高さは60メートルだ。
There is a **shortage** of IT workers in the company.	その会社にはIT技術者が不足している。
The trip to Africa was a great **adventure** for them.	アフリカ旅行は彼らにとって大冒険だった。

| 0331 | **prize** [práɪz] | 名 賞、賞金 |

| 0332 | **rescue** [réskjuː] | 動 〜を救助する、救出する 「レスキュー隊」は「救助隊」のことだね。 |

| 0333 | **method** [méθəd] | 名 方法 |

| 0334 | **security** [sɪkjúərəti] | 名 防犯、警備 |

| 0335 | **tough** [tʌf] | 形 厳しい、つらい 「タフな」という日本語にもなっているね。 |

| 0336 | **foreign** [fɔ́ːrən] | 形 外国の |

| 0337 | **career** [kəríər] | 名 職業；経歴 |

| 0338 | **global** [glóʊbl] | 形 全世界の、世界的な global warming(地球温暖化)という表現も覚えておこう。 |

| 0339 | **demonstrate** [démənstrèɪt] | 動 〜を説明する、実演する |

| 0340 | **mistake** [məstéɪk] | 名 間違い、誤り |

She won a special **prize** in the photo contest.	彼女は写真コンテストで特別賞を受賞した。
All the passengers were **rescued** from the plane.	乗客は全員、飛行機から救助された。
This is the best **method** of studying English.	これは英語を勉強する一番いい方法だ。
The building introduced a new **security** system.	そのビルは新しい防犯システムを導入した。
It was a **tough** game, but the team played well.	厳しい試合だったが、チームはよく戦った。
A lot of **foreign** tourists visit Kyoto every year.	毎年多くの外国人観光客が京都を訪れる。
He is interested in a **career** as a pilot.	彼はパイロットの職に興味がある。
ABC has grown into a **global** software company.	ABC社は世界的なソフトウエア企業に成長した。
I will **demonstrate** how to use the machine.	その機械の使い方を実演するよ。
I checked my report for spelling **mistakes**.	私はレポートにつづりの誤りがないか調べた。

No.	単語	発音	品詞・意味	メモ
0341	**useful**	[júːsfl]	形 役に立つ	use（役立つこと）+-ful（満ちた）からできた語だよ。
0342	**popularity**	[pàpjəlǽrəti]	名 人気	
0343	**pick**	[pík]	動 〜を摘む；〜を選ぶ	
0344	**smoke**	[smóuk]	名 煙／動 たばこを吸う	
0345	**realize**	[ríːəlàɪz]	動 〜に気づく、〜を自覚する	
0346	**occupy**	[ákjəpàɪ]	動 《部屋・席など》を占有する、使用する	ふつう、受け身の形で使うよ。
0347	**scold**	[skóuld]	動 〜を叱る	
0348	**helpful**	[hélpfl]	形 助けになる、有益な	help（助け）+-ful（満ちた）からできた語だよ。
0349	**relief**	[rɪlíːf]	名 安心、ほっとすること	
0350	**objective**	[əbdʒéktɪv]	名 目的、目標	

I found a very **useful** website for learning English.	私は英語を学ぶのにとても役に立つウェブサイトを見つけた。
The band's **popularity** is growing these days.	最近、そのバンドの人気は高まっている。
Don't **pick** the strawberries in this garden.	この菜園のいちごを摘まないでください。
Smoke was rising from the burning house.	燃えている家から煙が上がっていた。
When did you **realize** that you had lost your camera?	カメラをなくしたことにいつ気がつきましたか。
All the seats on the bus were **occupied**.	バスの座席はすべて埋まっていた。
The teacher **scolded** them for fighting in the classroom.	教師は教室でけんかしていた彼らを叱った。
My tennis coach gave me **helpful** advice.	テニスのコーチは私に有益なアドバイスをしてくれた。
It was a great **relief** that the test was over.	試験が終わってとてもほっとした。
First, we need to set the **objective** of this project.	まず、このプロジェクトの目的を定めなければならない。

No.	単語	発音	品詞・意味	メモ
0351	cheer	[tʃíər]	動 声援を送る	cheerleader（チアリーダー）のcheerだね。
0352	terrible	[térəbl]	形 ひどい、ひどく悪い；下手な / 副 terribly ひどく	
0353	against	[əgènst]	前 〜に反対して、対して	反対語はfor（〜に賛成して）だよ。
0354	unhappy	[ʌnhǽpi]	形 悲しい、不満な	happy（うれしい、幸せな）に否定を表すun-がついてできた語だよ。
0355	appeal	[əpíːl]	動 (人を)引きつける、(人の心に)訴える	
0356	asleep	[əslíːp]	形 眠って	be asleep（眠っている）のように動詞の後ろで使うよ。
0357	usual	[júːʒuəl]	形 普通の、いつもの / 副 usually 普通、たいてい	
0358	additional	[ədíʃənl]	形 追加の ☞0521	
0359	neighbor	[néɪbər]	名 近所の人、隣人	
0360	equipment	[ɪkwípmənt]	名 用具、設備	equipmentは数えられない名詞だよ。

People **cheered** loudly for the runners.	人々はランナーたちに大声で声援を送った。
I feel **terrible** because I have a high fever.	私は高熱で気分がひどく悪い。
Many people were strongly **against** that plan.	多くの人々がその計画に強く反対していた。
I was **unhappy** because my brother broke my watch.	弟に腕時計を壊されて悲しかった。
The design of these shoes **appeals** to young people.	この靴のデザインは若者受けしている。
When he came home, his children were already **asleep**.	彼が帰宅したとき、子どもたちはすでに眠っていた。
Let's meet at six at the **usual** place.	いつもの場所で6時に会いましょう。
For **additional** information, please visit our website.	追加情報が必要な場合は、弊社のウェブサイトをご覧ください。
My next-door **neighbor** gave me a lot of apples.	隣の人にりんごをたくさんもらった。
We went downtown to buy some camping **equipment**.	私たちはキャンプ用品を買いに繁華街へ出かけた。

No.	単語	発音	品詞・意味	知っ得!
0361	**stage**	[stéɪdʒ]	名 舞台、ステージ	「ステージ」は日本語にもなっているね。
0362	**assistance**	[əsístəns]	名 助け、援助	assist（〜をアシストする、援助する）の名詞形だよ。
0363	**apologize**	[əpálədʒàɪz]	動 謝る	
0364	**price**	[práɪs]	名 値段	
0365	**wound**	[wúːnd]	動 〜を傷つける、負傷させる	
0366	**silence**	[sáɪləns]	名 静寂、沈黙 形 silent 沈黙した	
0367	**equal**	[íːkwəl]	形 平等な；等しい 副 equally 平等に、等しく	数学の「イコール（＝）」はこの単語だよ。
0368	**replace**	[rɪpléɪs]	動 〜に取って代わる、〜の後任となる；〜を取り換える	
0369	**pronounce**	[prənáʊns]	動 〜を発音する	
0370	**deadline**	[dédlàɪn]	名 締め切り	

The actors appeared on the **stage**.	役者が舞台の上に登場した。
Thank you for your kind **assistance**.	親切に手伝ってくれてありがとう。
You should **apologize** to everyone for being late.	遅れたことをみんなに謝るべきだよ。
I got this jacket for a really low **price**.	私はこのジャケットを本当に安い値段で手に入れた。
He was **wounded** in a car accident.	彼は自動車事故で負傷した。
There was **silence** for a moment.	しばらく沈黙があった。
You must give children **equal** opportunities.	子どもたちに平等な機会を与えるべきだ。
They are looking for a person to **replace** the manager.	彼らは部長の後任になる人を探している。
Do you know how to **pronounce** this Spanish word?	このスペイン語の発音の仕方を知っていますか。
The **deadline** for the report is May 12.	レポートの締め切りは5月12日だ。

No.	単語	発音	意味	知っ得!
0371	**various**	[véəriəs]	形 さまざまな	名詞形のvariety(バラエティー、多様性)は日本語にもなっているね。
0372	**purpose**	[pə́ːrpəs]	名 目的	
0373	**emergency**	[ɪmə́ːrdʒənsi]	名 緊急事態	
0374	**indoors**	[ɪndɔ́ːrz]	副 屋内に	
0375	**ride**	[ráɪd]	名 乗り物;乗ること 動 《自転車・車など》に乗る 活用 ride-rode-ridden	動詞以外の使い方も出題されるので覚えておこう。
0376	**amuse**	[əmjúːz]	動 ～を楽しませる	
0377	**bend**	[bénd]	動 ～を曲げる 活用 bend-bent-bent	
0378	**behave**	[bɪhéɪv]	動 振る舞う、態度を取る 名 behavior 振る舞い、行動	
0379	**lost**	[lɔ́st]	形 道に迷った	
0380	**housework**	[háʊswə̀ːrk]	名 家事	house(家)+work(仕事)=「家事」だから覚えやすいね。

There were foreigners from **various** countries at the party.	パーティーにはさまざまな国から来た外国人がいた。
The **purpose** of this course is to learn English conversation.	このコースの目的は英会話を学ぶことです。
Do not use elevators during an **emergency**.	緊急のときには、エレベーターは利用しないでください。
We had to stay **indoors** because of the rain yesterday.	きのうは雨で屋内にいなければならなかった。
This is the most popular **ride** at the amusement park.	これは遊園地で一番人気のある乗り物だ。
He **amused** the children by doing some magic tricks.	彼はいくつかの手品をして子どもたちを楽しませた。
Does it hurt when you **bend** your leg?	足を曲げると痛いですか。
The children **behaved** well during the ceremony.	子どもたちは式の間行儀よくしていた。
The group returns **lost** pets back to their owners.	そのグループは迷子になったペットを飼い主のところに戻している。
Can you help me with the **housework**?	家事を手伝ってくれる?

0381	**author** [ɔ́:θər]	名 著者	
0382	**anytime** [énitàim]	副 いつでも	
0383	**improvement** [imprú:vmənt]	名 向上、改善 ☞ 0082	
0384	**public** [pʌ́blɪk]	形 公共の、公立の	in public(人前で、公然と)という表現も覚えておこう。
0385	**probably** [prɑ́bəbli]	副 おそらく、たぶん	
0386	**spread** [spréd]	動 広がる；～を広げる 活 spread-spread-spread	
0387	**goods** [gúdz]	名 品物、商品	「グッズ」は日本語にもなっているね。
0388	**professional** [prəféʃənl]	形 プロの	反対語はamateur(アマチュアの)だよ。
0389	**anger** [ǽŋgər]	名 怒り 形 angry 怒った ☞ 0437	
0390	**reaction** [riǽkʃən]	名 反応、応答	

Do you know the **author** of this book?	この本の著者を知っていますか。
You can call me **anytime** after 10 a.m.	午前10時以降であればいつでも電話してください。
There has been a big **improvement** in her health.	彼女の健康には大きな改善が見られる。
He teaches English at a **public** high school.	彼は公立の高校で英語を教えている。
It **probably** won't rain this weekend.	おそらく今週末は雨が降らないだろう。
The disease quickly **spread** all over the area.	病気はその地域全体に急速に広がった。
The company makes all kinds of sporting **goods**.	その会社はあらゆる種類のスポーツ用品を作っている。
He wants to be a **professional** cook in the future.	彼は将来プロの料理人になりたいと思っている。
Tom is getting better at controlling his **anger**.	トムは、怒りを抑えるのがうまくなった。
What was Sam's **reaction** when he heard your song?	サムがあなたの歌を聞いたとき、どんな反応でしたか。

#	単語	発音	品詞・意味	備考
0391	**scary**	[skéəri]	形 怖い、恐ろしい	
0392	**mess**	[més]	名 乱雑、混乱 形 messy 乱雑な	
0393	**impression**	[ɪmpréʃən]	名 印象 ☞ 0680	impressのpressは「〜を押す」。pressure（プレッシャー）と親戚の単語だよ。
0394	**selection**	[səlékʃən]	名 品ぞろえ	
0395	**simply**	[símpli]	副 単に、ただ〜だけ ☞ 0327	
0396	**oversleep**	[òuvərslíːp]	動 寝過ごす、寝坊する 活用 oversleep-overslept-overslept	
0397	**last**	[lǽst]	動 続く 形 最後の、この前の	動詞の意味もしっかり覚えておこう。
0398	**complain**	[kəmpléɪn]	動 (〜と)文句を言う、不満を言う	complain about 〜で「〜について文句を言う」という意味だよ。
0399	**human**	[hjúːmən]	名 人間 形 人間の	
0400	**position**	[pəzíʃən]	名 地位、立場	「ポジション」は日本語にもなっているね。

The movie was so **scary** that I couldn't watch the whole thing.	その映画はとても怖くて、全部は見られなかった。
My brother's room is always a **mess**.	弟の部屋はいつも散らかっている。
The girl made a good **impression** on us.	その少女は私たちによい印象を与えた。
The shop has a good **selection** of wines.	そのお店はワインの品ぞろえがいい。
This is **simply** one example of our services.	これはわが社のサービスのほんの一例です。
He **overslept** this morning.	彼はけさ寝坊した。
The festival **lasted** for five days.	そのお祭りは5日間続いた。
My father is often **complaining about** his job.	父はよく仕事のことで不満を言っている。
Only **humans** can communicate using written language.	人間だけが、書き言葉を使って意思疎通できる。
She was given a **position** as an instructor.	彼女はインストラクターのポジションを与えられた。

No.	単語	発音	品詞	意味	知っ得!
0401	**option**	[ɑ́pʃən]	名	選択、選択肢	
0402	**chat**	[tʃǽt]	動	おしゃべりをする	
0403	**passenger**	[pǽsəndʒər]	名	乗客	
0404	**colorful**	[kʌ́lərfl]	形	色彩豊かな、カラフルな	color（色）+-ful（満ちた）でできた語だよ。
0405	**violent**	[váɪələnt]	形	暴力的な、暴力シーンの多い	
0406	**careless**	[kéərləs]	形	不注意な	care（注意）+-less（〜がない）でできた語だよ。
0407	**apparently**	[əpǽrəntli]	副	どうやら（〜らしい）	
0408	**import**	[ɪmpɔ́ːrt]	動	〜を輸入する	反対語はexport（〜を輸出する）だよ。
0409	**market**	[mɑ́ːrkət]	名	市場	
0410	**opening**	[óʊpnɪŋ]	名	開始、開場、開店	opening ceremony（開会式）という表現も覚えておこう。

That was the best **option** for them.	それは彼らにとって最良の選択だった。
They **chatted** on the phone for an hour.	彼らは1時間電話でおしゃべりをした。
A lot of **passengers** got off at the station.	その駅で多くの乗客が降りた。
The designer's clothes are **colorful**.	そのデザイナーの服は色彩豊かだ。
I don't like watching **violent** movies.	暴力シーンの多い映画を見るのは好きではない。
There were a lot of **careless** mistakes in his report.	彼のレポートにはたくさんの不注意な誤りがあった。
Apparently, there was a traffic accident near here this morning.	どうやらさ、この近くで交通事故があったらしい。
They **import** a lot of food from foreign countries.	彼らは多くの食品を外国から輸入している。
Many things are bought and sold in the **market**.	市場では多くのものが売買されている。
Many people celebrated the **opening** of the museum.	多くの人々がその美術館の開館を祝った。

0411	**complete** [kəmplíːt]	形 完全な 動 〜を完成させる ☞ 0209
0412	**perfect** [pə́ːrfɪkt]	形 完ぺきな、完全な 副 perfectly 完ぺきに
0413	**abroad** [əbrɔ́ːd]	副 外国へ、外国で
0414	**lock** [lάːk]	動 〜にかぎをかける 名 かぎ 知っ得!「ロックする」という日本語にもなっているね。
0415	**certain** [sə́ːrtn]	形 ある種の、一定の
0416	**separately** [sépərətli]	副 別々に、離れて ☞ 0551
0417	**casually** [kǽʒuəli]	副 略式に、くだけて 知っ得! 形容詞形のcasual(略式の、カジュアルな)は日本語にもなっているね。
0418	**punish** [pʌ́nɪʃ]	動 〜を罰する、〜にお仕置きをする
0419	**final** [fáɪnl]	形 最終的な、最後の ☞ 0063
0420	**fashion** [fǽʃən]	名 ファッション 形 fashionable 流行の 知っ得!「ファッション」は日本語にもなっているね。

She told her students to speak in **complete** sentences.	彼女は生徒たちに完全な文で話すように言った。
He got a **perfect** score on the science test.	彼は科学のテストで満点を取った。
They travel **abroad** twice a year.	彼らは年に2回は海外旅行をする。
Don't forget to **lock** the door when you go out.	出かけるときはドアにかぎをかけるのを忘れないでください。
The doctor told her not to eat **certain** foods.	医師は彼女にある種の食べ物を食べないように言った。
They had to live **separately** during the war.	戦時中、彼らは別々に生活しなければならなかった。
I had few chances to talk **casually** with them.	彼らと気軽に話す機会はほとんどなかった。
She **punished** her son by taking his cell phone away.	彼女はお仕置きに息子の携帯電話を取り上げた。
Final exams begin on July 11.	期末試験は7月11日に始まる。
She is always reading **fashion** magazines in her free time.	彼女はひまなときはいつもファッション誌を読んでいる。

0421	**include** [ɪnklúːd]	動 ～を含む ☞ 0655	
0422	**delicious** [dɪlíʃəs]	形 おいしい	
0423	**tie** [táɪ]	動 ～を結ぶ、結びつける 名 ネクタイ	知っ得！「ネクタイ」はnecktieともいうよ。
0424	**cheerfully** [tʃíərfəli]	副 陽気に、明るく	
0425	**serious** [síəriəs]	形 深刻な、重大な 副 seriously 深刻に	
0426	**chew** [tʃúː]	動 ～をかむ	知っ得！chewing gum（チューインガム）のchewだよ。
0427	**accomplish** [əkάːmplɪʃ]	動 ～を成し遂げる、果たす	
0428	**symbol** [símbəl]	名 象徴	知っ得！「シンボル」は日本語にもなっているね。
0429	**age** [éɪdʒ]	名 年齢	
0430	**blow** [blóʊ]	動 吹く 活用 blow-blew-blown	

The price **includes** a tax of 10 percent.	価格には10パーセントの税が含まれている。
The apple pie she made was **delicious**.	彼女の作ってくれたアップルパイはおいしかった。
He **tied** the rope to a big tree.	彼はロープを大きな木に結びつけた。
"It's a great idea," Jane said **cheerfully**.	「それは素晴らしい考えだわ」とジェーンは明るい声で言った。
The problem of global warming is getting **serious**.	地球温暖化の問題は深刻になってきている。
The steak was tough and difficult to **chew**.	そのステーキは硬くて、かむのが大変だった。
The sales team has **accomplished** a lot this year.	営業チームは今年、多くの実績を上げた。
This tree is a **symbol** of friendship between Japan and Hawaii.	この木は日本とハワイの友好の象徴だ。
At what **age** did you start playing the guitar?	あなたは何歳のときにギターを弾き始めましたか。
A cold wind is **blowing** from the north.	北から冷たい風が吹いている。

No.	単語	発音	意味	知っ得!
0431	**track**	[trǽk]	名 道、(競技用の)トラック 動 〜を追跡する、たどる	乗り物の「トラック」はtruckなので注意しよう。
0432	**fit**	[fít]	動 (大きさ・形が)〜に合う 活用 fit-fit-fit	
0433	**travel**	[trǽvl]	動 移動する；旅行する 名 旅行	「旅行」以外の意味も重要だよ。
0434	**weak**	[wíːk]	形 弱い；壊れやすい	反対語はstrong(強い)だよ。
0435	**injury**	[índʒəri]	名 けが 形 injured けがをした	
0436	**propose**	[prəpóuz]	動 結婚を申し込む、プロポーズする	「プロポーズする」は日本語にもなっているね。
0437	**angrily**	[ǽŋgrəli]	副 怒って 形 angry 怒った ☞ 0389	
0438	**climb**	[kláim]	動 (〜に)登る	発音に注意しよう。
0439	**majority**	[mədʒɔ́ːrəti]	名 過半数、大多数 ☞ 0744	
0440	**past**	[pǽst]	形 過去の 名 過去	

He was a **track** runner when he was in high school.	彼は高校生のころ、トラック競技の選手だった。
This uniform **fits** me well.	この制服は私にぴったり合う。
Elephants can **travel** up to 50 kilometers a day.	ゾウは1日に最大50キロ移動することができる。
The old man's body was getting **weaker** with age.	老人の体は年とともに弱くなっていった。
She couldn't attend the marathon because of her **injury**.	彼女はけがのためにマラソンに出場できなかった。
Mike **proposed** to his girlfriend last week.	マイクは先週、ガールフレンドにプロポーズした。
He kicked the door **angrily**.	彼は怒ってドアをけった。
The girl **climbed** the tall tree.	少女はその高い木に登った。
The **majority** of his classmates wear glasses.	彼の同級生の過半数がめがねをかけている。
I've been working abroad for the **past** few years.	過去数年間、海外で働いています。

0441	**haircut** [héərkʌ̀t]	名 散髪、ヘアカット；髪形
0442	**remind** [rɪmáɪnd]	動 ～に思い出させる *remind A of Bで「AにBを思い出させる」という意味だよ。*
0443	**afterwards** [ǽftərwərdz]	副 あとで
0444	**silly** [síli]	形 くだらない、ばかげた
0445	**stand** [stǽnd]	動 ～を我慢する；立つ 活用 stand-stood-stood
0446	**copy** [kɑ́ːpi]	動 ～をまねる；～をコピーする、写す 名 （本などの）1部
0447	**typical** [típɪkl]	形 典型的な、代表的な 名 type 典型
0448	**plain** [pléɪn]	形 装飾のない、簡素な；味のついていない *「プレーンな」という日本語にもなっているね。*
0449	**childhood** [tʃáɪldhùd]	名 子ども時代
0450	**nationality** [næ̀ʃənǽləti]	名 国籍 ☞ 0493

He usually gets a **haircut** once a month.	彼は普段月に1回散髪に行く。
The taste of the cake **reminded** him **of** his childhood.	そのケーキの味は、彼に子どものころを思い出させた。
How about going for a drive **afterwards**?	あとでドライブに行くのはどう？
The boys often say **silly** things.	その男の子たちはよくくだらないことを言っている。
I couldn't **stand** the pain, so I went to the hospital.	私は痛みを我慢できず病院に行った。
Many companies **copied** this product design.	多くの会社がこの製品のデザインをまねした。
She made a **typical** mistake for beginners.	彼女は初心者にありがちな間違いをした。
She always wears clothes with a **plain** design.	彼女はいつもシンプルなデザインの服を着ている。
Mary had a very happy **childhood**.	メアリーはとても幸せな子ども時代を過ごした。
I work with people of many **nationalities**.	私は多くの国籍の人々と仕事をしている。

0451	**press**	[prés]	動 ～を押す	pressure（プレッシャー）のpressだね。
0452	**continue**	[kəntínjuː]	動 ～を続ける	
0453	**dig**	[díg]	動 ～を掘る 活用 dig-dug-dug	
0454	**belief**	[bɪlíːf]	名 信用、信頼；信念 動 believe ～を信じる	
0455	**tour**	[túər]	名 旅行、ツアー	「ツアー」は日本語にもなっているね。
0456	**ancient**	[éɪnʃənt]	形 古代の	
0457	**form**	[fɔ́ːrm]	名 用紙；形	
0458	**effect**	[ɪfékt]	名 効果、影響	
0459	**display**	[dɪspléɪ]	名 （花火の）打ち上げ 動 ～を展示する、陳列する	
0460	**reach**	[ríːtʃ]	動 ～に届く、到着する；手を伸ばす	日本語で「リーチが長い」というときの「リーチ」もこれだよ。

Can you **press** the power button?	電源ボタンを押してくれますか。
It began to rain, but they **continued** the race.	雨が降り始めたが、彼らはレースを続けた。
They **dug** a big hole in the ground.	彼らは地面に大きな穴を掘った。
He has a strong **belief** in the power of science.	彼には科学の力に対する強い信頼がある。
We took a **tour** of the old city.	私たちはその古い都市をめぐるツアーに参加した。
She is interested in **ancient** Greek culture.	彼女は古代ギリシャ文化に興味がある。
I sent the application **form** to the company.	私はその会社に申し込み書を送った。
Getting up early has a good **effect** on your health.	早起きは健康によい効果をもたらす。
We enjoyed the fireworks **display** from the hotel room.	私たちはホテルの部屋から花火の打ち上げを楽しんだ。
What time does this train **reach** Osaka station?	この電車は大阪駅に何時に着きますか。

重要度			

0461	**advantage** [ədvǽntɪdʒ]	名 長所、利点
0462	**upset** [ʌpsét]	形 動揺した；怒った
0463	**steal** [stíːl]	動 〜を(こっそり)盗む 活用 steal-stole-stolen
0464	**difficulty** [dífɪkəlti]	名 難しさ、苦労 形 difficult 難しい 知っ得! have difficulty doing で「〜するのに苦労する」という意味だよ。
0465	**partner** [pάːrtnər]	名 パートナー、(行動を共にする)相手
0466	**originally** [ərídʒənəli]	副 元々、最初は 形 original 元の、最初の
0467	**clothing** [klóuðɪŋ]	名 衣類
0468	**couple** [kʌ́pl]	名 夫婦、カップル 知っ得! 「カップル」は日本語にもなっているね。
0469	**fantastic** [fæntǽstɪk]	形 とても素晴らしい
0470	**section** [sékʃən]	名 売り場、セクション；(会社の)部門

What is the greatest **advantage** of living in a big city?	都会で生活する最大の利点は何ですか。
I was **upset** to hear the shocking news.	私はそのショッキングなニュースを聞いて動揺した。
Someone **stole** his suitcase at the airport.	何者かが空港で彼のスーツケースを盗んだ。
Chris **has difficulty** learn**ing** Japanese.	クリスは日本語を学ぶのに苦労している。
She is my tennis **partner**.	彼女は私のテニスのパートナーだ。
He **originally** came from Canada.	彼は元々はカナダの出身だ。
Where can I buy women's **clothing**?	婦人服はどこで買えますか。
There were a lot of young **couples** on the beach.	浜辺にはたくさんの若いカップルがいた。
The dinner I ate last night was **fantastic**.	ゆうべ食べたディナーはとても素晴らしかった。
You can find the CD in the world music **section**.	そのCDはワールドミュージックのセクションにあります。

| 0471 | **disappear** [dìsəpíər] | 動 いなくなる、見えなくなる | 知っ得! appear(登場する)に否定を表すdis-がついてできた語だよ。 |

| 0472 | **farm** [fáːrm] | 名 農場
動 農業を営む | 知っ得! 「農場で」というときは、ふつう前置詞にonを使うよ。 |

| 0473 | **gently** [dʒéntli] | 副 優しく、穏やかに
形 gentle 優しい、穏やかな | |

| 0474 | **data** [déɪtə] | 名 データ | 知っ得! 「データ」は日本語にもなっているね。 |

| 0475 | **funny** [fʌ́ni] | 形 面白い、愉快な
名 fun 楽しみ | |

| 0476 | **system** [sístəm] | 名 システム、組織 | |

| 0477 | **shape** [ʃéɪp] | 名 形 | |

| 0478 | **sadly** [sǽdli] | 副 悲しそうに
形 sad 悲しい | |

| 0479 | **item** [áɪtəm] | 名 品物、商品 | 知っ得! 「アイテム」は日本語にもなっているね。 |

| 0480 | **overseas** [òuvərsíːz] | 副 海外へ、海外で
名 海外 | |

Our cat suddenly **disappeared** two months ago.	うちのネコは2か月前に突然姿を消した。
My mother works on a vegetable **farm**.	母は野菜の農場で働いている。
She spoke **gently** to the children.	彼女は子どもたちに優しく話しかけた。
He saves the job **data** every two hours.	彼は仕事のデータを2時間おきにセーブしている。
His story wasn't **funny** at all.	彼の話はまったく面白くなかった。
The engineers developed a new computer **system**.	技術者たちは新しいコンピューターシステムを開発した。
The church windows have different **shapes**.	その教会の窓はさまざまな形をしている。
He looked **sadly** at the broken camera.	彼は悲しそうに壊れたカメラを見た。
I ordered some **items** from this catalog.	私はこのカタログからいくつかの品を注文した。
Yumi is going **overseas** next summer vacation.	ユミは今度の夏休みに海外へ行く予定だ。

0481	**walk** [wɔ́ːk]	動 ～を散歩させる；～を(歩いて)送る 名 散歩	知っ得！「歩く」以外に左のような意味もあるので覚えておこう。
0482	**polish** [páːlɪʃ]	動 ～を磨く	
0483	**throughout** [θruːáʊt]	前 ～の間中；～の至る所に、～中に	
0484	**erase** [ɪréɪs]	動 ～を消す	知っ得！ eraser(消しゴム)は「eraseするもの」という意味だよ。
0485	**ability** [əbíləti]	名 能力 形 able 能力がある	
0486	**smooth** [smúːð]	形 (表面が)滑らかな；(物事が)順調な	
0487	**nearly** [níərli]	副 ほとんど、～近く	
0488	**tool** [túːl]	名 道具	知っ得！「ツール」は日本語にもなっているね。
0489	**result** [rɪzʌ́lt]	名 結果	
0490	**sound** [sáʊnd]	動 ～に聞こえる、思われる 名 音	

I often **walk** my dog in the park.	私はよく、公園で犬を散歩させる。
I sometimes **polish** my shoes.	私は時々、自分の靴を磨く。
The area is warm **throughout** the year.	その地域は1年を通じて暖かい。
She **erased** the important data by mistake.	彼女は間違えてその大切なデータを消してしまった。
He has the **ability** to do that job.	彼はその仕事をこなす能力がある。
The actress has long, **smooth** hair.	その女優は長く、滑らかな髪をしている。
He spent **nearly** one million yen on his trip to Europe.	彼はヨーロッパ旅行に100万円近くを費やした。
Do you have some **tools** to repair a bike?	自転車を修理する道具を持っていますか。
My parents were shocked at the **results** of my test.	両親は私のテストの結果にショックを受けた。
Your idea **sounds** very interesting.	あなたの考えはとても面白そうに思えます。

No.	単語	発音	意味	メモ
0491	contain	[kəntéɪn]	動 ～を含む	何かをcontainするものがcontainer（コンテナ）だよ。
0492	further	[fə́ːrðər]	副 さらに	
0493	national	[nǽʃənl]	形 国家の、全国の；国立の 名 nation 国、国民 ☞ 0450	
0494	generally	[dʒénərəli]	副 一般的に；たいてい 形 general 一般的な	
0495	deliver	[dɪlívər]	動 ～を配達する	名詞形のdelivery（デリバリー、配達）は日本語にもなっているね。
0496	breathe	[bríːð]	動 《空気》を吸う；呼吸する 名 breath 息	発音に注意しよう。
0497	meaning	[míːnɪŋ]	名 意味 ☞ 0066	
0498	remove	[rɪmúːv]	動 ～を取り除く	
0499	process	[práːses]	名 製法、過程	
0500	network	[nétwə̀ːrk]	名 ネットワーク、網状組織	「ネットワーク」は日本語にもなっているね。

This food **contains** a lot of suger.	この食品には砂糖がたくさん入っている。
I've never been **further** south than Okinawa.	私は沖縄よりさらに南には行ったことがない。
The kangaroo is the **national** symbol of Australia.	カンガルーはオーストラリアの国の象徴だ。
Flutes are **generally** made of metal.	フルートは一般的に金属でできている。
We always **deliver** our pizzas within 30 minutes.	当店ではいつでも30分以内にピザを配達します。
You can't **breathe** fresh air in a big city.	都会では新鮮な空気を吸えない。
No students knew the **meaning** of the word.	生徒はだれもその言葉の意味を知らなかった。
My mother told me to **remove** the poster from the wall.	母は私に、壁からポスターをはずすように言った。
Mr. Miller taught us the **process** of making bread.	ミラー先生は私たちにパンの製法を教えてくれた。
This city has a large **network** of railroads.	この都市には広い鉄道網がある。

No.	単語	意味	メモ
0501	**welcome** [wélkəm]	動 ～を歓迎する	
0502	**quiet** [kwáɪət]	形 静かな 副 quietly 静かに	
0503	**discover** [dɪskʌ́vər]	動 ～を発見する ☞ 0304	dis-(取り除く)+cover(覆い)でできた語だよ。
0504	**experiment** [ɪkspérəmənt]	名 実験	
0505	**floor** [flɔ́ːr]	名 床；階	「フロア」という日本語にもなっているね。
0506	**safety** [séɪfti]	名 安全 ☞ 0045、0300	
0507	**hole** [hóʊl]	名 穴	
0508	**avoid** [əvɔ́ɪd]	動 ～を避ける	後ろに動詞がくるときは *doing* の形になるよ。
0509	**knowledge** [nɑ́lɪdʒ]	名 知識 動 know ～を知っている	発音に注意しよう。
0510	**following** [fáːloʊɪŋ]	形 次の、続く ☞ 0289	

The hotel staff **welcomed** the guests with smiles.	ホテルのスタッフは宿泊客を笑顔で迎えた。
She wants to live in a **quiet** place.	彼女は静かな場所に住みたいと思っている。
A new star was **discovered** by the researchers at NASA.	NASAの研究員たちによって新しい星が発見された。
They did some **experiments** on wind energy.	彼らは風力に関するいくつかの実験を行った。
There were magazines all over the **floor**.	床一面に雑誌が散らばっていた。
Please read this manual carefully for your own **safety**.	ご自身の安全のために、このマニュアルをよくお読みください。
My bike's tire has a **hole** in it.	私の自転車はタイヤに穴が開いている。
We took another route to **avoid** the traffic jam.	私たちは渋滞を避けるために別のルートを通った。
I have little **knowledge** of Chinese history.	私は中国の歴史についてほとんど知識がない。
We left for Tokyo the **following** day.	私たちは翌日、東京に向けて出発した。

No.	単語	発音	意味	メモ
0511	**sample**	[sémpl]	名 見本、サンプル	「サンプル」は日本語にもなっているね。
0512	**mention**	[ménʃən]	動 ～に言及する	
0513	**prefer**	[prifə́:r]	動 ～のほうを好む	
0514	**bored**	[bɔ́:rd]	形 退屈した	bore(～を退屈させる)の過去分詞が形容詞化したものだよ。
0515	**handle**	[hǽndl]	動 ～を扱う 名 取っ手、柄	
0516	**go**	[góʊ]	動 去る、なくなる❶；(事態が)進展する	過去分詞goneで「なくなった、いなくなった」という意味になるよ。
0517	**origin**	[ɔ́rədʒɪn]	名 起源	
0518	**honest**	[ɑ́:nəst]	形 正直な、率直な 副 honestly 正直に	発音に注意しよう。
0519	**appear**	[əpíər]	動 (テレビなどに)登場する、(新聞などに)載る 名 appearance 外見	
0520	**marry**	[mǽri]	動 ～と結婚する	「Aと結婚する」をmarry with Aとしないように注意しよう。

We'll give you some free **samples** to try.	お試し用の無料サンプルを差し上げます。
This is the shop Jim **mentioned** the other day.	これが先日ジムが言っていた店だ。
I **prefer** hot coffee, but Chris likes iced coffee.	私はホットコーヒーのほうが好きだが、クリスはアイスコーヒーが好きだ。
She gets **bored** with everything.	彼女は何事にも飽きやすい。
This guitar is very expensive, so please **handle** it carefully.	このギターはとても高価なので、慎重に扱ってください。
I found that my favorite umbrella was **gone**.	私はお気に入りの傘がなくなっていることに気づいた。
The professor gave a lecture on the **origin** of life.	教授は生命の起源について講義をした。
Thank you for your **honest** advice.	率直な忠告をありがとう。
She's been **appearing** on a lot of TV shows recently.	彼女は近ごろたくさんのテレビ番組に出演している。
He **married** Linda last year.	彼は去年リンダと結婚した。

No.	単語	発音	意味	メモ
0521	**add**	[ǽd]	動 〜を加える、足す / ☞ 0358	
0522	**middle**	[mídl]	名 途中、真ん中	
0523	**weight**	[wéit]	名 体重、重さ / ☞ 0205	「ウエートトレーニング」の「ウエート」はweightだよ。
0524	**pray**	[préi]	動 祈る	
0525	**object**	[ábdʒɪkt]	名 物、物体	
0526	**celebrate**	[séləbrèit]	動 〜を祝う、《祝典》を挙行する / 名 celebration 祝典	
0527	**possible**	[pásəbl]	形 可能な；起こり得る、あり得る	〈人＋be動詞＋possible〉の形にはならないよ。
0528	**fill**	[fíl]	動 〜を満たす	
0529	**fair**	[féər]	名 博覧会 / 形 公平な	
0530	**rule**	[rúːl]	名 規則、ルール	「ルール」は日本語にもなっているね。

Can you **add** some more salt?	もう少し塩を足してもらえますか。
We need to finish this job by the **middle** of next month.	この仕事は来月の中ごろまでに終える必要がある。
She is trying hard to lose **weight**.	彼女は体重を減らそうと一生懸命努力している。
We are **praying** for world peace.	私たちは世界平和を祈っている。
What's the name of this strange **object** on the wall?	壁にあるこの奇妙な物体の名前は何ですか。
My parents **celebrated** their 20th wedding anniversary.	両親は結婚20周年を祝った。
Is it **possible** for you to get here by nine o'clock?	9時までにここに来ることは可能ですか。
She **filled** the bucket with water.	彼女はバケツを水でいっぱいにした。
We went to the book **fair** yesterday.	私たちはきのう、ブックフェアを訪れた。
Don't break the school **rules**.	校則を破ってはいけません。

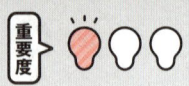

語彙問題の選択肢になったり、長文問題、リスニング問題で登場したりした単語だよ。頑張って覚えよう。

No.	単語	意味	備考
0531	**confident** [kάnfədənt]	形 確信して	
0532	**attract** [ətrǽkt]	動 ～を引きつける、魅了する 形 attractive 魅力的な	名詞形attraction（呼び物、アトラクション）は日本語にもなっているね。
0533	**reduce** [rɪd(j)úːs]	動 ～を減らす	
0534	**organize** [ɔ́ːrɡənàɪz]	動 ～を組織する、手配する ☞ 0240	
0535	**photograph** [fóʊtəɡræf]	名 写真	photoと略すこともあるよ。
0536	**official** [əfíʃəl]	形 公式の、正式の 名 役人 副 officially 公式に、正式に	
0537	**anywhere** [éniwèər]	副 [平叙文で]どこでも、どこにも； [疑問文で]どこかに	
0538	**character** [kǽrəktər]	名 登場人物	「キャラクター」という日本語にもなっているね。
0539	**therefore** [ðéərfɔ̀ːr]	副 それゆえ、したがって	
0540	**shade** [ʃéɪd]	名 日陰、木陰	

I'm **confident** this system is helpful for many people.	私はこのシステムが多くの人の役に立つと確信している。
The beautiful sea of Naples **attracts** many tourists.	ナポリの美しい海は多くの観光客を魅了している。
We should make more efforts to **reduce** traffic accidents.	私たちは交通事故を減らすようもっと努めるべきだ。
The company is **organizing** various kinds of events.	その会社はさまざまな種類のイベントを組織している。
I took a lot of **photographs** on the island.	私はその島でたくさん写真を撮った。
I accessed the company's **official** site.	私はその会社の公式サイトにアクセスした。
We deliver things **anywhere** in the country.	私たちは国内のどこにでもものを配達します。
I like the main **character** of this story very much.	私はこの話の主人公が大好きだ。
I'm out of work, **therefore** I have no money.	私は失業中だ。それゆえ、お金がない。
We took a rest under the **shade** of some trees.	私たちは木陰で一休みした。

No.	単語	発音	意味
0541	**rapidly**	[rǽpɪdli]	副 急速に、速く 形 rapid 急速な
0542	**medium**	[míːdiəm]	形 中ぐらいの 名 中ぐらい 知っ得！ サイズを表すS、M、LのMはmediumの頭文字をとったものだよ。
0543	**license**	[láɪsns]	名 免許（証）
0544	**missing**	[mísɪŋ]	形 欠けている、紛失した、行方不明の ☞0009
0545	**agreement**	[əgríːmənt]	名 同意、賛成 ☞0225
0546	**common**	[kάmən]	形 一般的な 副 commonly 一般的に
0547	**salary**	[sǽləri]	名 給料 知っ得！ 「サラリーマン」の「サラリー」はsalaryのことだよ。
0548	**front**	[frʌ́nt]	形 正面の、最前部の 名 前面
0549	**polite**	[pəláɪt]	形 礼儀正しい、丁寧な
0550	**instruction**	[ɪnstrʌ́kʃən]	名 指示 知っ得！ 関連語のinstructor（インストラクター）は日本語にもなっているね。

The number of wild animals on the island is decreasing **rapidly**.	その島の野生動物の数は急速に減少している。
A **medium** seafood pizza, please.	Mサイズのシーフードピザを1つお願いします。
I got my driver's **license** last week.	先週、運転免許証を取得した。
The last two pages of this manual are **missing**.	このマニュアルは最後の2ページが抜けている。
We got the **agreement** of all the members.	私たちはメンバー全員の合意をとりつけた。
Japanese food has become **common** in those countries.	それらの国々では日本食が一般的になってきている。
I want to get a higher **salary**.	もっと高い給料が欲しい。
Let's meet at the **front** entrance of the hotel.	ホテルの正面入り口のところで会いましょう。
The waiters of the restaurant are **polite**.	そのレストランのウエーターは礼儀正しい。
You should follow your doctor's **instructions**.	お医者さんの指示に従いなさい。

0551	**separate** [sépərèit]	動 〜を分ける；〜を引き離す ☞ 0416
0552	**mostly** [móustli]	副 主に、たいてい
0553	**sometime** [sʌ́mtàim]	副 いつか 〈知っ得!〉sometimes（時々）と混同しないようにしよう。
0554	**harmful** [há:rmfl]	形 有害な 〈知っ得!〉反対語はharmless（無害の）だよ。
0555	**hate** [héit]	動 〜をひどく嫌がる 〈知っ得!〉「〜するのを嫌がる」という場合は、後ろはdoingあるいはto doの形になるよ。
0556	**connect** [kənékt]	動 〜をつなぐ、結びつける 名 connection つながり
0557	**center** [séntər]	名 中心 形 central 中央の、中心の
0558	**entertainment** [èntərtéinmənt]	名 娯楽、気晴らし 動 entertain 〜を楽しませる 〈知っ得!〉「エンターテインメント」という日本語にもなっているね。
0559	**strict** [stríkt]	形 厳しい；厳重な
0560	**lecture** [léktʃər]	名 講演、講義

We **separate** garbage into three types.	私たちはごみを3つのタイプに分けている。
The customers at the cafe were **mostly** young people.	その喫茶店の客は主に若者だった。
See you again **sometime** later this year.	今年中にいつかまた会いましょう。
It's difficult to remove **harmful** information from the Internet.	インターネット上の有害な情報をなくすのは困難だ。
She **hated** waiting outside.	彼女は外で待つのを嫌がった。
The street **connects** the college to the downtown area.	その通りは大学と中心街とを結びつけている。
She wants to live in the **center** of the city.	彼女は都市の中心部に住みたいと思っている。
They played a game for **entertainment**.	彼らは気晴らしにゲームをした。
Ms. Hill is very **strict** with her students.	ヒル先生は学生にとても厳しい。
He gave a **lecture** at the community center today.	彼はきょう、公民館で講演を行った。

0561	**necessary** [nésəsèri]	形 必要な 名 necessity 必要性	〈人+be動詞+necessary〉の形にはならないよ。
0562	**environment** [ɪnváɪərənmənt]	名 (自然)環境 形 environmental 環境の	
0563	**path** [pǽθ]	名 進路;小道、(〜への)道	
0564	**service** [sə́ːrvəs]	名 サービス、事業;(鉄道・バスなどの)便 ☞ 0094	「サービス」は日本語にもなっているね。
0565	**audience** [ɔ́ːdiəns]	名 観客、聴衆	
0566	**accidentally** [æksədéntəli]	副 誤って;偶然に	by accidentもほとんど同じ意味だよ。
0567	**exist** [ɪgzíst]	動 存在する	
0568	**educate** [édʒəkèɪt]	動 〜を教育する ☞ 0796	
0569	**sign** [sáɪn]	名 標識、看板;象徴 動 〜に署名する	発音に注意しよう。
0570	**industry** [índəstri]	名 産業	

English ability is **necessary** for my job.	私の仕事には英語の力が必要だ。
Are electric cars better for the **environment**?	電気自動車のほうが環境にいいのですか。
Don't block the runners' **path**.	ランナーたちの進路をふさがないでください。
That restaurant will start lunch **service** next month.	そのレストランは来月からランチサービスを開始する。
There was a large **audience** at the play.	その劇には大勢の観客がいた。
He **accidentally** dropped his cell phone on the floor.	彼はうっかり携帯電話を床に落とした。
The Internet still didn't **exist** fifty years ago.	50年前、インターネットはまだ存在しなかった。
He was **educated** in Canada.	彼はカナダで教育を受けた。
The **sign** said "No smoking."	看板には「禁煙」と書いてあった。
Tourism is the country's main **industry**.	観光はその国の主要産業だ。

0571	**scared** [skéərd]	形 おびえた、びっくりした	
0572	**remain** [rıméın]	動 残る 名 残骸、遺骸	
0573	**talent** [tǽlənt]	名 才能	知っ得！「テレビタレント」の意味はないので気をつけよう。
0574	**importance** [ımpɔ́ːrtns]	名 重要性、重大さ 形 important 重要な	
0575	**challenge** [tʃǽləndʒ]	名 （難しい）課題、やりがいのある仕事	
0576	**average** [ǽvərıdʒ]	形 平均の 名 平均	知っ得！アクセントに注意しよう。
0577	**relaxing** [rılǽksıŋ]	形 リラックスさせる、くつろがせる ☞ 0114	
0578	**statement** [stéıtmənt]	名 発言、述べられたこと 動 state 〜を明確に述べる	
0579	**retire** [rıtáıər]	動 引退する、（定年）退職する	知っ得！retire from 〜で「〜を（定年）退職する」という意味。
0580	**compare** [kəmpéər]	動 〜を比較する	

I was **scared** to stay home alone.	私は一人で家にいるのが怖かった。
Some of the concert tickets are still **remaining**.	コンサートチケットがまだ何枚か残っている。
She has natural **talent** as a singer.	彼女には歌手としての持って生まれた才能がある。
The festival has a great **importance** for the community.	その祭りは地域社会にとって大きな重要性を持っている。
The new project was going to be a **challenge**.	その新しいプロジェクトは難しい仕事になりそうだった。
The **average** score on the chemistry test was high.	化学のテストの平均点は高かった。
The band is playing **relaxing** music.	そのバンドはリラックスさせるような音楽を演奏している。
He made a **statement** at the meeting.	彼は会議で意見を述べた。
My father **retired from** his company last month.	父は先月会社を定年退職した。
She **compared** her works with others'.	彼女は自分の作品をほかの人のものと比較した。

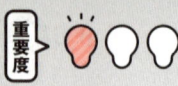

0581	**traffic** [trǽfɪk]	名 交通、交通量
0582	**strength** [stréŋkθ]	名 力 形 strong 強い
0583	**stretch** [strétʃ]	動 《手足など》を伸ばす 「ストレッチ」という日本語にもなっているね。
0584	**stressed** [strést]	形 ストレスを受けた 名 stress ストレス、緊張　形 stressful ストレスの多い
0585	**tasty** [téɪsti]	形 おいしい ☞ 0076
0586	**convenient** [kənvíːnjənt]	形 便利な；都合のよい 名 convenience 便利さ　反対語はinconvenient（不便な）だよ。
0587	**familiar** [fəmíljər]	形 見覚えのある、聞き覚えのある；よく知っている、詳しい
0588	**sincerely** [sɪnsíərli]	副 心から
0589	**international** [ìntərnǽʃnl]	形 国際的な　inter-（間の）+national（国の）でできた語だよ。
0590	**require** [rɪkwáɪər]	動 〜を必要とする

I got into a **traffic** accident this morning.	私はけさ、交通事故に巻き込まれた。
Walking improves your body's **strength**.	ウオーキングは体力を向上させる。
You should **stretch** your leg muscles before running.	走る前に足の筋肉を伸ばしなさい。
A lot of people feel **stressed** in their jobs these days.	近ごろは仕事にストレスを感じている人が多い。
The cake she baked looked **tasty**.	彼女の焼いたケーキはおいしそうに見えた。
It is very **convenient** to communicate by e-mail.	メールで連絡をし合うのはとても便利だ。
I heard a **familiar** voice from behind.	背後から聞き覚えのある声がした。
I am **sincerely** sorry for the little girl.	私はその小さな女の子を心から気の毒に思っている。
She works for an **international** company.	彼女は国際企業で働いている。
This job **requires** a lot of skills and experience.	この仕事は多くの技能と経験を必要とする。

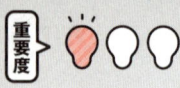

0591	**harm**	[háːrm]	動 〜を害する、傷つける 名 害	
0592	**calm**	[káːm]	形 落ち着いた；静かな	発音に注意しよう。
0593	**rarely**	[réərli]	副 めったに〜しない 形 rare まれな	
0594	**policy**	[páləsi]	名 方針、政策	「ポリシー」という日本語にもなっているね。
0595	**friendship**	[fréndʃip]	名 友情、親交	
0596	**happen**	[hǽpən]	動 起こる	設問文でよく使われる動詞だよ。
0597	**route**	[rúːt]	名 道、道筋	「ルート」という日本語にもなっているね。
0598	**advanced**	[ədvǽnst]	形 上級の、高度な	
0599	**wonder**	[wʌ́ndər]	動 〜だろうかと思う	
0600	**main**	[méɪn]	形 主な 副 mainly 主に	「メインの」という日本語にもなっているね。

I'm sorry. I didn't mean to **harm** anyone.	すみません。だれも傷つけるつもりはなかったんです。
Chris stayed **calm** when he heard my story.	クリスは私の話を聞いても落ち着いていた。
I like vegetables and **rarely** eat meat.	私は野菜が好きで、肉はめったに食べない。
Our **policy** is to protect your privacy.	私たちの方針は皆さまのプライバシーを保護することです。
The **friendship** between them is strong.	彼らの間の友情は固い。
What **happened** there last night?	ゆうべ、そこで何が起こったのですか。
Can you check the **route** to the airport on the map?	地図で空港までの道順を確かめてくれますか。
She took an **advanced** course in Spanish.	彼女はスペイン語の上級コースを取った。
I **wonder** how she finished the job so quickly.	彼女はどうやってあんなに早く仕事を終わらせたのだろう。
The company's **main** product is suitcases.	その会社の主要な商品はスーツケースだ。

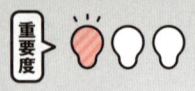

No.	単語	発音	品詞・意味	補足
0601	**intelligent**	[ɪntélɪdʒənt]	形 知能の高い、頭のよい	
0602	**search**	[sə́ːrtʃ]	動 《場所など》を探す、調べる 名 追求	
0603	**express**	[ɪksprés]	形 急行の；速達の	
0604	**conversation**	[kɑ̀nvərséɪʃən]	名 会話	have a conversation with ～で「～と会話する」という意味だよ。
0605	**escape**	[ɪskéɪp]	動 逃れる	
0606	**costume**	[kɑ́ːst(j)uːm]	名 衣装	「コスチューム」という日本語にもなっているね。
0607	**million**	[mɪ́ljən]	名 100万	
0608	**detail**	[díːteɪl]	名 詳細	
0609	**furniture**	[fə́ːrnɪtʃər]	名 家具、家具類	数えるときは a piece of furniture, two pieces of furniture …のようにいうよ。
0610	**surprisingly**	[sərpráɪzɪŋli]	副 驚くほど ☞ 0073、0235	

Monkeys are **intelligent** animals.	サルは知能の高い動物だ。
He **searched** his room for his key.	彼はかぎを見つけようと部屋中を探した。
We took an **express** train for Sapporo.	私たちは札幌行きの急行列車に乗った。
I **had** a long **conversation with** my classmates after school.	私は放課後、同級生と長い間話をした。
People ran for the door to **escape** from the fire.	人々は火から逃れるためにドアのほうに走った。
The children wear **costumes** for Halloween.	子どもたちはハロウィーンの衣装を着ている。
She bought the painting for one **million** yen.	彼女はその絵を100万円で買った。
I will let you know the **details** by e-mail later.	詳細については、後ほどメールにてお知らせします。
We bought some pieces of **furniture** at the department store.	私たちはデパートで何点かの家具を買った。
The math test was **surprisingly** easy.	数学の試験は驚くほど簡単だった。

重要度 💡

0611	**sense** [séns]	名 感覚、センス 動 ～を感知する	
0612	**powerful** [páuərfl]	形 強力な；有力な	知っ得! power(力)＋-ful(満ちた)からできた語だよ。
0613	**spicy** [spáɪsi]	形 香辛料のきいた	
0614	**translate** [trænsleɪt]	動 ～を翻訳する 名 translation 翻訳	
0615	**manage** [mǽnɪdʒ]	動 ～を管理する；～を経営する	
0616	**enemy** [énəmi]	名 敵	
0617	**topic** [tɑ́:pɪk]	名 話題、トピック	知っ得!「トピック」は日本語にもなっているね。
0618	**frame** [fréɪm]	名 枠、フレーム	知っ得!「フレーム」は日本語にもなっているね。
0619	**information** [ìnfərméɪʃən]	名 情報	
0620	**daily** [déɪli]	形 日常の、日々の	

She has a good **sense** of smell.	彼女は嗅覚が鋭い。
A **powerful** typhoon is approaching Okinawa.	強い勢力の台風が沖縄に接近中だ。
I don't like **spicy** food.	私は香辛料のきいた食べ物は苦手だ。
He **translated** the English book into Japanese.	彼はその英語の本を日本語に翻訳した。
He has been **managing** the website from the beginning.	彼はそのウェブサイトを最初から管理している。
They attacked the **enemies** at night.	彼らは夜に敵を攻撃した。
The **topic** of his lecture was global warming.	彼の講義のトピックは地球温暖化だった。
She wears glasses with gray **frames**.	彼女はグレーのフレームの眼鏡をかけている。
For **information** about the event, please visit our website.	そのイベントの情報については、ウェブサイトをご覧ください。
Language is a part of our **daily** lives.	言語は私たちの日常生活の一部だ。

#	単語	発音	意味	メモ
0621	beside	[bɪsáɪd]	前 〜のそばに	副詞のbesides（そのうえ）と混同しないようにしよう。
0622	sentence	[séntns]	名 文、文章	
0623	victim	[víktɪm]	名 被害者	
0624	lift	[líft]	動 〜を持ち上げる	
0625	float	[flóʊt]	動 浮かぶ	「コーヒーフロート」の「フロート」はこのfloatだね。
0626	chase	[tʃéɪs]	動 〜を追いかける	
0627	gain	[géɪn]	動 〜を得る；《数量など》を増やす	
0628	wet	[wét]	形 ぬれた	
0629	light	[láɪt]	名 明かり、照明 形 (色が)明るい	照明の意味の「ライト」は日本語にもなっているね。
0630	gradually	[grǽdʒuəli]	副 徐々に、少しずつ	

She put the magazine **beside** her.	彼女は雑誌を自分のそばに置いた。
There are a lot of beautiful **sentences** in this novel.	この小説の中には美しい文がたくさんある。
They are supporting the earthquake **victims**.	彼らは地震の被災者の支援活動をしている。
The old man tried to **lift** the big box.	老人はその大きな箱を持ち上げようとした。
The old boat did not look like it would **float**.	その古い船は浮かぶようには見えなかった。
The police **chased** the car.	警察はその車を追った。
Her group **gained** the support of the city.	彼女のグループは市の援助を得た。
The road was **wet** from the rain.	道路が雨でぬれていた。
Can you turn off the **light** for me?	明かりを消してもらえますか。
The Italian restaurant **gradually** got popular over time.	そのイタリアンレストランは時がたつにつれて少しずつ人気が出た。

No.	英単語	発音	品詞・意味	補足
0631	twice	[twáɪs]	副 2回；2倍	「3回」以上はthree times, four times…というよ。
0632	shocking	[ʃá:kɪŋ]	形 衝撃的な / 動 shock 〜にショックを与える	
0633	real	[rí:əl]	形 本物の；現実の / 名 reality 現実性	
0634	widely	[wáɪdli]	副 広く / 形 wide 広い	
0635	fulfill	[fʊlfíl]	動 〜を果たす、実行する	
0636	race	[réɪs]	名 競走、レース	「レース」は日本語にもなっているね。
0637	purchase	[pə́:rtʃəs]	名 購入、買い物	
0638	examination	[ɪgzæ̀mənéɪʃən]	名 試験	examと略すこともあるよ。
0639	stranger	[stréɪndʒər]	名 見知らぬ人 ☞ 0115	
0640	lazy	[léɪzi]	形 怠惰な、怠けた	

I've been to France **twice**.	私はフランスに2回行ったことがある。
I got some **shocking** news from my parents.	私は両親から衝撃的な知らせを聞かされた。
This is a **real** diamond.	これは本物のダイヤだ。
The area is **widely** known for its great wine.	その地域は素晴らしいワインで広く知られている。
The mayor has finally **fulfilled** his promise.	市長はついに約束を果たした。
A lot of people joined the **race**.	多くの人々がレースに参加した。
The car was the most expensive **purchase** he had ever made.	その車は彼にとってそれまでで最も高い買い物だった。
We took an **examination** in science last week.	私たちは先週、科学の試験を受けた。
A **stranger** in the park started talking to me.	公園で見知らぬ人が話しかけてきた。
The student is very **lazy** and is late for school every day.	その生徒はとても怠けもので、毎日学校に遅刻している。

No.	単語	品詞・意味	メモ
0641	**hopeful** [hóupfl]	形 希望に満ちた、有望な	hope(望み)+-ful(満ちた)でできた語だよ。
0642	**department** [dɪpáːrtmənt]	名 (会社などの)部	
0643	**balanced** [bǽlənst]	形 バランスのよい 動 balance (〜の)バランスをとる	
0644	**fault** [fɔ́ːlt]	名 過失、(過失の)責任	
0645	**slip** [slíp]	動 滑る、滑り落ちる	
0646	**correct** [kərékt]	動 《誤りなど》を訂正する 形 正しい 副 correctly 正確に	
0647	**privacy** [práɪvəsi]	名 私生活、プライバシー ☞ 0109	「プライバシー」は日本語にもなっているね。
0648	**deal** [díːl]	名 取引、契約	
0649	**downstairs** [dáʊnstéərz]	副 下の階に	反対語はupstairs(上の階に)だよ。
0650	**hometown** [hóʊmtáʊn]	名 地元の町、故郷	

The boy feels **hopeful** about the future.	その少年は将来に希望をいだいている。
She belongs to the sales **department**.	彼女は営業部に所属している。
She tries to have a **balanced** diet every day.	彼女は毎日バランスのとれた食事をとるよう心がけている。
It's not my **fault**.	それは私の責任ではありません。
He **slipped** and fell on the snow.	彼は雪の上で滑って転んだ。
They **corrected** the mistakes on their website.	彼らはウェブサイト上の誤りを訂正した。
We must protect others' **privacy**.	私たちは他人のプライバシーを守らなければならない。
Our company is making **deals** with some foreign companies.	わが社は海外の会社数社と取引をしている。
The information desk is **downstairs**.	案内所は下の階にある。
He plans to return to his **hometown** during summer vacation.	彼は夏休みの間、故郷に帰る予定だ。

No.	語	発音	品詞・意味	知っ得!
0651	**trouble**	[trʌ́bl]	名 困ったこと、トラブル	be in troubleで「困っている」という意味になるよ。
0652	**enjoyable**	[ɪndʒɔ́ɪəbl]	形 楽しい、楽しめる / 動 enjoy ～を楽しむ	enjoy(～を楽しむ)+-able(～できる)でできた語だよ。
0653	**shadow**	[ʃǽdoʊ]	名 影	
0654	**jump**	[dʒʌ́mp]	動 跳ぶ、はねる	「ジャンプする」という日本語にもなっているね。
0655	**including**	[ɪnklúːdɪŋ]	前 ～を含めて ☞ 0421	
0656	**ordinary**	[ɔ́ːrdənèri]	形 普通の、平凡な	
0657	**positive**	[pázətɪv]	形 肯定的な、積極的な	反対語はnegative(否定的な)だよ。
0658	**mild**	[máɪld]	形 穏やかな、(気候が)温暖な	
0659	**operation**	[ὰpəréɪʃən]	名 手術	
0660	**shorten**	[ʃɔ́ːrtn]	動 ～を短くする、短縮する	short(短い)+-en(～にする)でできた語だよ。

Nick always helps me when I **am in trouble**.	ニックはいつも私が困っていると助けてくれる。
We had an **enjoyable** trip to Germany last year.	私たちは去年、ドイツに楽しい旅行をした。
There are **shadows** of clouds on the ground.	地面に雲の影ができている。
The cat **jumped** up on the table.	ネコはテーブルの上に跳び乗った。
Twelve people entered the contest, **including** Junko.	ジュンコを含め、12人がそのコンテストに参加した。
They have been living an **ordinary** life.	彼らは平凡な生活を送ってきた。
He usually makes **positive** comments about everything.	彼は普段、何事に対しても肯定的なコメントをする。
We have **mild** weather in winter.	ここは冬の気候が温暖だ。
My father will have an **operation** tomorrow.	父はあした手術を受ける。
The movie was **shortened** to 90 minutes.	その映画は90分に短縮された。

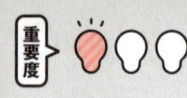

No.	単語	発音	意味	補足
0661	**lifetime**	[láɪftàɪm]	名 生涯、一生	
0662	**atmosphere**	[ǽtməsfìər]	名 雰囲気；大気	
0663	**worth**	[wə́ːrθ]	形 〜の価値がある	
0664	**delicate**	[délɪkət]	形 微妙な、繊細な	発音・アクセントに注意しよう。
0665	**peace**	[píːs]	名 平和 ☞ 0707	
0666	**fresh**	[fréʃ]	形 新鮮な	
0667	**seek**	[síːk]	動 〜を探す、探し求める 活用 seek-sought-sought	look for 〜とほとんど同じ意味だよ。
0668	**clean**	[klíːn]	形 きれいな 動 〜を掃除する	
0669	**movement**	[múːvmənt]	名 動き、動作 ☞ 0002	
0670	**dress**	[drés]	動 〜に服を着せる；正装する	be dressedで「服を着ている」という意味。

The pianist didn't become famous in his **lifetime**.	そのピアニストは存命中は有名にならなかった。
The coffee shop has a good **atmosphere**.	その喫茶店は雰囲気がいい。
The old vase is **worth** a million yen.	その古い花瓶は100万円の価値がある。
They avoided talking about the **delicate** problem.	彼らはその微妙な問題について話すのを避けた。
Their activity brought **peace** to the country.	彼らの活動はその国に平和をもたらした。
Let's go outside and get some **fresh** air.	外に出て新鮮な空気を吸おう。
That supermarket is **seeking** new sales clerks.	あのスーパーマーケットは新しい店員を探している。
Keep your room **clean**.	部屋をきれいにしておきなさい。
The zoo staff carefully watches the animals' **movements** every day.	動物園のスタッフは毎日動物たちの動きを注意深くチェックしている。
At the dance party, everyone **was dressed** in black.	そのダンスパーティーでは、皆黒い服を着ていた。

No.	英単語	発音	意味
0671	respect	[rɪspékt]	動 ～を尊重する、尊敬する
0672	forever	[fərévər]	副 永遠に
0673	permission	[pərmíʃən]	名 許可 動 permit ～を許可する
0674	secondhand	[sékəndhǽnd]	形 中古の
0675	estimate	[éstəmèɪt]	動 ～を見積もる
0676	mask	[mǽsk]	名 マスク、仮面 ／ 知っ得！「マスク」は日本語にもなっているね。
0677	responsibility	[rɪspɑ̀nsəbíləti]	名 責任、責務 形 responsible 責任のある
0678	unlike	[ʌnláɪk]	前 ～と違って
0679	electricity	[ɪlèktrísəti]	名 電気、電力 形 electric 電動の　形 electrical 電気の
0680	impress	[ɪmprés]	動 ～を感動させる ☞ 0393 ／ 知っ得！ be impressedで「感動する」という意味。

We should **respect** each other's privacy.	私たちは互いのプライバシーを尊重するべきだ。
We'll remember his name **forever**.	私たちは彼の名前を永遠に忘れないだろう。
Did you get **permission** to park here?	ここに車を止める許可を取りましたか。
I bought the desk at a **secondhand** shop.	その机は中古品店で買った。
We **estimated** that the project would take two months.	私たちはそのプロジェクトは2か月かかると見積もった。
Wear a **mask** when you enter the factory.	工場に入る際にはマスクを着用してください。
Parents have a **responsibility** to their children.	親は子どもに対する責任がある。
Chris is good at playing soccer, **unlike** his brother.	クリスは弟と違ってサッカーが得意だ。
My parents often tell me not to waste **electricity**.	両親はよく私に電気を無駄にしないように言う。
I **was** deeply **impressed** by his speech.	私は彼のスピーチに深く感動した。

No.	単語	発音	品詞	意味
0681	neatly	[níːtli]	副	きちんと、整然と
0682	president	[prézədənt]	名	大統領
0683	note	[nóut]	動	～に注意する
0684	smart	[smáːrt]	形	賢い（日本語の「スマート」と意味が違うので注意しよう。）
0685	grocery	[gróusəri]	名	食料品；食料品店
0686	annually	[ǽnjuəli]	副	毎年、年に1回
0687	advertising	[ǽdvərtàɪzɪŋ]	名	広告（活動）／名 advertisement 広告
0688	turn	[tə́ːrn]	動	～歳になる；曲がる／名 順番（「曲がる」以外の意味も覚えておこう。）
0689	excuse	[名]ɪkskjúːs [動]ɪkskjúːz	名	言い訳／動 ～を許す、容赦する
0690	spill	[spíl]	動	～を（うっかり）こぼす

You should always be **neatly** dressed.	いつもきちんとした服装を着用してください。
The **president** is making a speech in front of many people.	大統領は大勢の人々の前で演説をしている。
Please **note** that this library will be closed next Monday.	今度の月曜日、当図書館は休館ですのでご注意ください。
The dog is very **smart**.	その犬はとても賢い。
My mother went to the supermarket to buy some **groceries**.	母は食料品を買いにスーパーに行った。
They hold a charity concert **annually**.	彼らは毎年チャリティーコンサートを行っている。
We don't have enough money for **advertising**.	私たちには広告のための十分な資金がない。
The famous singer **turned** 30 yesterday.	その有名な歌手はきのう30歳になった。
She thought of a good **excuse** for taking a day off.	彼女は休みを取るうまい言い訳を思いついた。
He **spilled** some tea on the documents.	彼は書類の上にお茶を少しこぼした。

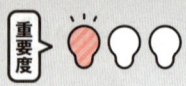

No.	単語	発音	意味	知っ得!
0691	**rumor**	[rúːmər]	名 うわさ	
0692	**sunshine**	[sʌ́nʃàɪn]	名 太陽の光、日光	
0693	**claim**	[kléɪm]	名 主張、要求 動 〜を主張する	日本語の「クレーム」（不平、不満）は、英語ではcomplaintというよ。
0694	**switch**	[swítʃ]	動 切り替える、取り換える	
0695	**reject**	[rɪdʒékt]	動 〜を拒否する、不採用とする	反対語はaccept（〜を受け入れる）だよ。
0696	**ignore**	[ɪgnɔ́ːr]	動 〜を無視する	
0697	**fare**	[féər]	名 運賃	
0698	**measure**	[méʒər]	動 〜を測定する	ものの長さを測る「メジャー」もmeasureだよ。
0699	**figure**	[fígjər]	動 〜と考える、判断する	
0700	**expression**	[ɪkspréʃən]	名 表情	

I heard a **rumor** that Bob got married.	ボブが結婚したといううわさを聞いた。
We went out and enjoyed the warm **sunshine**.	私たちは外に出て、暖かい日差しを楽しんだ。
They demanded that we accept their **claims**.	彼らは私たちに自らの要求を受け入れるよう求めた。
How about **switching** to another topic?	話題を別のものに変えませんか。
My boss **rejected** my new idea.	上司は私の新しいアイデアを却下した。
He often **ignores** traffic rules.	彼はよく交通規則を無視する。
How much is the **fare** to Atlanta?	アトランタまでの運賃はいくらですか。
They **measured** the width of the river.	彼らはその川の幅を測った。
I **figured** that I would be the one to tell her.	私は自分が彼女に話すべきだと考えた。
The **expression** on her face was very happy after hearing the news.	知らせを聞いて、彼女の表情はとてもうれしそうだった。

No.	単語	発音	意味	メモ
0701	**beyond**	[biɑ́:nd]	前 ～を越えて	
0702	**slice**	[sláɪs]	動 ～を薄く切る、スライスする 名 (パン・肉などの)1切れ	「スライスする」は日本語にもなっているね。
0703	**prove**	[prú:v]	動 ～を証明する	
0704	**approach**	[əpróutʃ]	動 ～に近づく	
0705	**culture**	[kʌ́ltʃər]	名 文化	
0706	**properly**	[prɑ́pərli]	副 適切に、きちんと	
0707	**peaceful**	[pí:sfl]	形 平和な、平穏な ☞ 0665	peace(平和)+-ful(満ちた)でできた語だよ。
0708	**badly**	[bǽdli]	副 ひどく；悪く、下手に	
0709	**employ**	[ɪmplɔ́ɪ]	動 ～を雇う 名 employee 従業員	
0710	**gesture**	[dʒéstʃər]	名 身ぶり、ジェスチャー	「ジェスチャー」は日本語にもなっているね。

I'm worried that this job is **beyond** her ability.	この仕事が彼女の能力を超えていないか心配だ。
Can you **slice** these onions?	このタマネギを薄切りにしてくれる?
The fact **proved** that he was wrong.	その事実は、彼が間違っていることを証明した。
A big typhoon is **approaching** Japan.	大きな台風が日本に接近している。
I'm interested in Mexican **culture**.	私はメキシコの文化に興味がある。
We should teach children how to use the Internet **properly**.	私たちは子どもたちにインターネットを適切に使う方法を教えるべきだ。
The horses in the field looked **peaceful**.	野原にいる馬たちは平和そうだった。
He was **badly** injured in the accident.	彼は事故で大けがをした。
The company **employed** 100 new people.	その会社は新入社員を100人雇った。
Cindy didn't know what his **gesture** meant.	シンディーは彼の身ぶりが何を意味するのかわからなかった。

No.	単語	発音	意味
0711	**moment**	[móumənt]	名 瞬間
0712	**praise**	[préɪz]	名 称賛
0713	**fold**	[fóuld]	動 〜を折りたたむ
0714	**obey**	[oubéɪ]	動 〜に従う
0715	**role**	[róul]	名 役割、役
0716	**mix**	[míks]	動 〜を混ぜる 名 mixture 混合(物)
0717	**relation**	[rɪléɪʃən]	名 関係
0718	**surface**	[sə́ːrfəs]	名 表面
0719	**pain**	[péɪn]	名 痛み 形 painful 痛い
0720	**outdoor**	[áutdɔ̀ːr]	形 屋外の

0716 知っ得! 「ミックスする」という日本語にもなっているね。

0720 知っ得! 反対語はindoor(屋内の)だよ。

The world is changing every **moment**.	世界は刻一刻と変化している。
The player got **praise** from the coaches.	その選手はコーチたちから称賛された。
She **folded** the paper in four.	彼女は紙を四つ折りにした。
Obey traffic rules when you drive a car.	車を運転するときは交通規則に従いなさい。
He played the leading **role** in the play.	彼は劇で主役を演じた。
Mix the eggs and milk together.	卵と牛乳を一緒に混ぜてください。
India is trying to build good **relations** with those countries.	インドはそれらの国々とよい関係を築こうとしている。
The **surface** of the moon isn't smooth.	月の表面は滑らかではない。
The **pain** in my back won't go away.	背中の痛みがなかなか引かない。
This hotel has two **outdoor** pools.	このホテルには2つの屋外プールがある。

0721	**establish** [ɪstǽblɪʃ]	動 ～を設立する
0722	**embarrass** [ɪmbérəs]	動 ～を当惑させる、～に決まりの悪い思いをさせる
0723	**draw** [drɔ́ː]	動 ～を描く；～を引く 活用 draw-drew-drawn
0724	**charity** [tʃǽrəti]	名 慈善団体、慈善事業 — 知っ得! 「チャリティー」という日本語にもなっているね。
0725	**expand** [ɪkspǽnd]	動 ～を拡大する、拡張する
0726	**proudly** [práʊdli]	副 誇らしげに、自慢げに 形 proud 誇りとする 名 pride 誇り
0727	**normal** [nɔ́ːrməl]	形 通常の、普通の 副 normally 通常は
0728	**rhythm** [ríðm]	名 リズム — 知っ得! つづりに注意しよう。
0729	**narrowly** [nǽroʊli]	副 かろうじて
0730	**harvest** [háːrvəst]	名 収穫

That museum was **established** in the 18th century.	その博物館は18世紀に設立された。
My kids **embarrassed** me with their bad behavior.	子どもたちの行儀の悪さで私は決まりの悪い思いをした。
Could you **draw** a map to the station?	駅までの地図を描いていただけますか。
The old couple gave the money to a **charity**.	老夫婦はお金を慈善団体に寄付した。
The company **expanded** its business into the Asian market.	その会社は事業をアジア市場に拡大した。
They talked **proudly** about their new products.	彼らは自慢げに新商品について話した。
We offer 10 percent off the **normal** price every Tuesday.	毎週火曜日、当店では通常価格より10パーセント割引いたします。
They danced to the **rhythm** of the music.	彼らは音楽のリズムに合わせて踊った。
The man **narrowly** escaped death when he fell from the roof.	その男性は屋根から落ちたときかろうじて死を免れた。
The apple **harvest** season is approaching.	りんごの収穫期が近づいている。

No.	単語	発音	意味	メモ
0731	**desire**	[dɪzáɪər]	名 欲求、欲望	
0732	**attack**	[ətǽk]	動 ～を襲う、攻撃する / 名 攻撃	
0733	**transportation**	[træ̀nspərtéɪʃən]	名 輸送（手段）；交通機関	
0734	**humor**	[hjúːmər]	名 ユーモア	発音に注意しよう。
0735	**essay**	[éseɪ]	名 作文	
0736	**habit**	[hǽbət]	名 習慣	
0737	**diet**	[dáɪət]	名 食事（療法）、ダイエット	「ダイエット」は日本語にもなっているね。
0738	**seldom**	[séldəm]	副 めったに～ない	反対語はoften（しばしば）だよ。
0739	**greeting**	[gríːtɪŋ]	名 あいさつ	
0740	**journey**	[dʒə́ːrni]	名 旅、旅行	比較的期間の長い旅を指すよ。

The children have a strong **desire** for knowledge.	その子どもたちには強い知識欲がある。
The man was **attacked** by a bear while camping.	その男性はキャンプ中にクマに襲われた。
Some of the goods were damaged during **transportation**.	商品の一部が輸送中に破損した。
Her speech was full of **humor**.	彼女のスピーチはユーモアにあふれていた。
She has to finish the **essay** by tomorrow.	彼女はあしたまでに作文を書き終えなければならない。
I want to change my **habit** of going to bed late.	遅く寝る習慣を変えたい。
You should have a healthier **diet**.	あなたはもっと健康的な食事をするべきだ。
My father **seldom** eats meat.	父はめったに肉を食べない。
They exchanged **greetings** and sat down.	彼らはあいさつを交わして席についた。
This **journey** will take more than 100 days.	この旅は100日以上かかるだろう。

0741	**precious** [préʃəs]	形 高価な、貴重な	
0742	**invitation** [ìnvətéɪʃən]	名 招待、招待状 動 invite ～を招待する	
0743	**function** [fʌ́ŋkʃən]	名 機能、働き	
0744	**major** [méɪdʒər]	形 主要な 名 専攻 ☞ 0439	知っ得！「メジャー」という日本語にもなっているね。ただし英語の発音は[メイジャー]だよ。
0745	**link** [líŋk]	動 ～を結びつける	
0746	**sail** [séɪl]	動 航行する、出航する	
0747	**sunset** [sʌ́nsèt]	名 夕日、日暮れ	知っ得！「日の出」はsunriseだよ。
0748	**amazing** [əméɪzɪŋ]	形 驚くほどの、素晴らしい	
0749	**throw** [θróʊ]	動 ～を投げる 活用 throw-threw-thrown	
0750	**width** [wídθ]	名 幅 形 wide（幅が）広い	

Don't waste your **precious** time worrying about such a thing.	そんなことに思いわずらって貴重な時間を浪費してはいけない。
She sent me an **invitation** to her wedding.	彼女は私に結婚式の招待状を送ってくれた。
This software has various **functions**.	このソフトにはさまざまな機能がある。
What is your **major** goal after you graduate from high school?	高校卒業後のあなたの主な目標は何ですか。
The tunnel **links** Europe and Asia.	そのトンネルはヨーロッパとアジアをつないでいる。
The ship **sails** for Okinawa tonight.	その船は沖縄に向けて今晩出航する。
We were watching the beautiful **sunset**.	私たちは美しい夕日を眺めていた。
The event was an **amazing** success.	そのイベントは素晴らしい成功を収めた。
The man **threw** stones at the police.	男は警官に向かって石を投げつけた。
The **width** of the river is 300 meters at its widest.	その川の幅は一番広いところで300メートルだ。

No.	単語	発音	品詞	意味	メモ
0751	negative	[négətɪv]	形	否定的な、消極的な	反対語はpositive（肯定的な、積極的な）だよ。
0752	response	[rɪspɑ́:ns]	名	返答	
0753	blame	[bléɪm]	動	～を非難する、～のせいにする	
0754	pause	[pɔ́:z]	動	休止する、ひと息つく	
0755	socially	[sóʊʃəli]	副	社交的に；社会的に	
0756	issue	[íʃu:]	名	問題	
0757	march	[má:rtʃ]	動	行進する	「マーチ」という日本語にもなっているね。
0758	beauty	[bjú:ti]	名	美しさ／形 beautiful 美しい	
0759	touch	[tʌ́tʃ]	動	～に触れる、触る	
0760	quite	[kwáɪt]	副	かなり	

Some people left **negative** comments on my website.	何人かの人が私のウェブサイトに否定的なコメントを残した。
I look forward to your **response**.	お返事お待ちしております。
He always **blames** others for his problems.	彼はいつも問題を人のせいにする。
She **paused** for a moment before continuing.	彼女は話を続ける前に一瞬沈黙した。
I only drink **socially**, never at home by myself.	私は付き合いで飲むだけで、家で一人では決して飲まない。
Those countries are facing food **issues**.	それらの国々は食糧問題に直面している。
Hundreds of children **marched** in the parade.	何百人もの子どもたちがパレードで行進した。
The island is famous for its natural **beauty**.	その島は自然の美しさで有名だ。
Don't **touch** the books with wet hands.	ぬれた手で本に触らないでください。
Having your own home can be **quite** expensive.	自分の家をもつということはかなり高くつく可能性がある。

#	単語	発音	意味	メモ
0761	**expense**	[ɪkspéns]	名 費用、出費	expenseがたくさんかかる状態をexpensive(高価な)というんだね。
0762	**resource**	[ríːsɔ̀ːrs]	名 資源	
0763	**donate**	[dóʊneɪt]	動 ～を寄付する	
0764	**sew**	[sóʊ]	動 (～を)縫う	
0765	**inside**	[ìnsáɪd]	副 屋内に、内側に 前 ～の内部に	反対語はoutside(屋外に、外側に)だよ。
0766	**moreover**	[mɔːróʊvər]	副 そのうえ	
0767	**staff**	[stǽf]	名 職員、スタッフ	集合的に「職員」を意味するよ。
0768	**observation**	[àːbzərvéɪʃən]	名 観察、観測	
0769	**discuss**	[dɪskʌ́s]	動 ～について話し合う 名 discussion 話し合い	discuss about ～としないように気をつけよう。
0770	**bother**	[báðər]	動 ～を困らせる、～に迷惑をかける	

Joe moved to a smaller apartment to save on living **expenses**.	ジョーは生活費を節約するために狭いアパートに引っ越した。
Australia is rich in natural **resources**.	オーストラリアは天然資源が豊富だ。
He **donated** around 3,000 books to local schools.	彼は地元の学校に約3,000冊の本を寄付した。
She **sewed** the skirt by herself.	彼女はそのスカートを自分で縫った。
I had to stay **inside** all day.	私は一日中屋内にいなければならなかった。
She can read French. **Moreover**, she knows a lot about French history.	彼女はフランス語が読める。そのうえフランスの歴史もよく知っている。
The company is always looking for new **staff**.	その企業は常に新しいスタッフを探している。
He wrote a book about his **observation** of lions in the wild.	彼は野生のライオンの観察に関する本を書いた。
We **discussed** the problem with our teacher.	私たちはその問題について先生と話し合った。
I don't want to **bother** others.	私は他人に迷惑をかけたくない。

0771	**legal** [líːgl]	形 法律の；合法の	
0772	**citizen** [sítəzn]	名 国民、市民	
0773	**technique** [tekníːk]	名 技術、テクニック	発音・アクセントに注意しよう。
0774	**fee** [fíː]	名 料金	
0775	**opportunity** [à pərt(j)úːnəti]	名 機会	
0776	**conference** [kánfərəns]	名 会議	簡単に言い換えるとmeetingだね。
0777	**resort** [rɪzɔ́ːrt]	名 行楽地、リゾート	
0778	**destroy** [dɪstrɔ́ɪ]	動 〜を破壊する	
0779	**honor** [ɑ́ːnər]	動 〜に栄誉を与える、〜を称賛する	発音に注意しよう。
0780	**direct** [dərékt]	動 《映画など》を監督する	

He gave me **legal** advice.	彼は私に法的な助言をしてくれた。
My sister got married and became a **citizen** of the United States.	私の姉は結婚してアメリカ国民になった。
They learned various **techniques** to teach English.	彼らは英語を教えるさまざまな技術を学んだ。
This credit card has no annual **fees**.	このクレジットカードは年会費がかからない。
The school gives students the **opportunity** to study abroad.	その学校は生徒に留学の機会を与えている。
She attended an international **conference** on education.	彼女は教育に関する国際会議に出席した。
The beach is the biggest **resort** area in the country.	そのビーチは国内最大のリゾート地だ。
A lot of houses were **destroyed** in the earthquake.	多くの家が地震で破壊された。
The sales team was **honored** by the president at the ceremony.	セレモニーにおいて、販売チームは社長から表彰された。
He has **directed** several famous movies.	彼はいくつもの有名な映画を監督してきた。

| 0781 | **relative** [rélətɪv] | 名 親類 |

| 0782 | **dramatic** [drəmǽtɪk] | 形 劇的な
名 drama ドラマ | 知っ得! 「ドラマチックな」という日本語にもなっているね。 |

| 0783 | **sunlight** [sʌ́nlàɪt] | 名 日光 |

| 0784 | **supply** [səpláɪ] | 名 必需品 |

| 0785 | **describe** [dɪskráɪb] | 動 〜を描写する |

| 0786 | **book** [bʊ́k] | 動 〜を予約する
名 本 | 知っ得! 動詞の意味も覚えておこう。 |

| 0787 | **formal** [fɔ́ːrməl] | 形 正式の、フォーマルな
副 formally 正式に |

| 0788 | **blind** [bláɪnd] | 形 目の見えない | 知っ得! 窓につける「ブラインド」もblindだよ。 |

| 0789 | **rough** [rʌ́f] | 形 荒れた |

| 0790 | **nevertheless** [nèvərðəlés] | 副 それにもかかわらず |

I stayed with a **relative** in Toyama.	私は富山の親類の家に泊まった。
That experience caused a **dramatic** change in his personality.	その経験は彼の人格に劇的な変化をもたらした。
Too much **sunlight** is bad for your health.	あまり強い日光を浴びるのは健康によくない。
We need to get some office **supplies**.	私たちは事務用品を買う必要がある。
It's hard to **describe** the beauty of the view.	その景色の美しさを描写するのは難しい。
I **booked** a single room for two nights.	私はシングルの部屋を2泊予約した。
I'm looking for men's **formal** wear.	私は紳士もののフォーマルウエアを探しています。
She went **blind** when she was a child.	彼女は子どものころに目が見えなくなった。
The sea grew **rough** because of the bad weather.	悪天候のため、海は荒れてきた。
He has a bad cold. **Nevertheless**, he doesn't stop smoking.	彼はひどい風邪をひいている。それなのに、たばこをやめない。

#	単語	品詞・意味	知っ得!
0791	**unique** [juníːk]	形 珍しい、ユニークな	「ユニークな」は日本語にもなっているね。
0792	**unlikely** [ʌnláɪkli]	形 ありそうにない	反対語はlikely(ありそうな)だよ。
0793	**effort** [éfərt]	名 努力	
0794	**greatly** [gréɪtli]	副 大いに 形 great 大きい、素晴らしい	
0795	**personal** [pə́ːrsənl]	形 個人的な	「パソコン」はpersonal computerを短くした和製英語だよ。
0796	**education** [èdʒəkéɪʃən]	名 教育 ☞ 0568	
0797	**dislike** [dìsláɪk]	動 〜が嫌いだ	
0798	**unknown** [ʌnnóʊn]	形 未解明の、未知の	known(知られている)に否定を表すun-がついてできた語だよ。
0799	**trap** [trǽp]	動 〜を閉じ込める；〜をわなで捕まえる	
0800	**presentation** [prèzəntéɪʃən]	名 プレゼンテーション、発表	

We enjoyed a **unique** experience at the gallery.	私たちはそのギャラリーで珍しい体験を楽しんだ。
It seems **unlikely** that she cooked it by herself.	彼女が自分でそれを料理したとは考えにくい。
It will take a lot of **effort** to master the use of this machine.	この機械の使い方をマスターするには、かなりの努力を要するだろう。
The number of students in our school **greatly** increased last year.	私たちの学校の生徒数は、昨年大幅に増加した。
We must protect the **personal** information of our customers.	私たちは顧客の個人情報を守らなければならない。
We should do everything we can to give children a good **education**.	私たちは子どもたちによい教育を与えるために、できるだけのことをするべきだ。
He **dislikes** snakes.	彼はヘビが嫌いだ。
The cause of the fire is still **unknown**.	火事の原因はまだ解明されていない。
They were **trapped** in the elevator.	彼らはエレベーターの中に閉じ込められた。
She made a **presentation** before her classmates.	彼女は同級生の前で発表を行った。

No.	単語	品詞・意味	知っ得!
0801	**species** [spíːʃiz]	名 (生物の分類上の)種	複数形もspeciesだよ。発音に注意しよう。
0802	**act** [ǽkt]	動 (〜を)演じる、演技する	
0803	**shout** [ʃáut]	動 叫ぶ	
0804	**theme** [θíːm]	名 テーマ	発音に注意しよう。
0805	**double** [dʌ́bl]	動 2倍になる、倍増する 形 2人用の、ダブルの	
0806	**valuable** [vǽljuəbl]	形 貴重な、高価な	
0807	**historical** [hɪstɔ́ːrɪkl]	形 歴史的な、歴史上の 名 history 歴史	
0808	**review** [rɪvjúː]	名 批評	「レビュー」は日本語にもなっているね。
0809	**face** [féɪs]	動 〜に直面する 名 顔	
0810	**overweight** [òuvərwéɪt]	形 太り過ぎの；重量超過の	weight(体重)にover-(〜過ぎる)がついてできた語だよ。

Rare **species** of birds live in this park.	この公園には希少種の鳥が住んでいる。
She is going to **act** in the play.	彼女は劇で演じることになっている。
He is always **shouting** at his children.	彼はしょっちゅう子どもを怒鳴りつけている。
Ecology is the main **theme** of this essay.	エコロジーがこのレポートの主なテーマだ。
The company's sales have **doubled** in the past three years.	その会社の売上はこの3年で倍増した。
She didn't know the ring was quite **valuable**.	彼女はその指輪がとても高価なものだとは知らなかった。
This town has many important **historical** buildings.	この町には多くの重要な歴史的建造物がある。
Her new novel got many good **reviews**.	彼女の新しい小説は多くのいい評価を得た。
She **faced** a lot of difficulties in the journey.	彼女は旅行中に、数多くの困難に直面した。
The number of **overweight** children in the country is increasing.	その国の肥満児の数は増加している。

0811	**except** [ɪksépt]	前 ~を除いて	
0812	**prevent** [prɪvént]	動 ~を防ぐ、防止する	
0813	**recycle** [rɪsáɪkl]	動 ~を再生利用する、リサイクルする 名 recycling 再生利用	
0814	**navy** [néɪvi]	名 海軍	知っ得!「陸軍」はarmy、「空軍」はair forceというよ。
0815	**accept** [əksépt]	動 ~を受け入れる、引き受ける	
0816	**competition** [kàmpətíʃən]	名 競技会、試合	
0817	**scenery** [síːnəri]	名 景色、風景	
0818	**charming** [tʃáːrmɪŋ]	形 魅力的な	知っ得!「チャーミングな」という日本語にもなっているね。
0819	**affect** [əfékt]	動 ~に影響を与える	
0820	**bill** [bíl]	名 請求書	

My dog will eat anything **except** dog food.	うちの犬はドッグフード以外のものなら何でも食べる。
Washing your hands often is the best way to **prevent** a cold.	小まめに手を洗うことが風邪を予防する一番の方法だ。
Used paper is **recycled** into new paper.	古紙はリサイクルされて新しい紙になる。
They are in the British **navy**.	彼らはイギリス海軍に所属している。
The principal **accepted** our offer.	校長は私たちの申し出を受け入れた。
A lot of students entered the chess **competition**.	多くの学生がそのチェスの大会に参加した。
You can enjoy beautiful **scenery** along the river.	川沿いに美しい風景を楽しむことができます。
She gave me a **charming** smile.	彼女は私に魅力的にほほえみかけた。
Drinking too much coffee can **affect** your health.	コーヒーの飲み過ぎは体に影響を及ぼす可能性がある。
The power company sends **bills** to its customers once a month.	その電力会社は月に1度、顧客に請求書を送る。

0821	**lay**	[léɪ]	動 《卵》を産む；〜を敷く　活用 lay-laid-laid
0822	**shortly**	[ʃɔ́ːrtli]	副 すぐに、間もなく
0823	**specific**	[spəsífɪk]	形 特定の
0824	**male**	[méɪl]	形 男性の、雄の　知っ得!「女性の、雌の」はfemaleというよ。
0825	**community**	[kəmjúːnəti]	名 地域社会
0826	**eventually**	[ɪvéntʃuəli]	副 結局は、最終的に
0827	**stare**	[stéər]	動 見つめる　知っ得!「〜を見つめる」というときは、lookと同じように後ろにatをつけるよ。
0828	**crop**	[krάp]	名 作物
0829	**attraction**	[ətrǽkʃən]	名 呼び物、アトラクション　☞0532
0830	**flavor**	[fléɪvər]	名 風味、味

Frogs **lay** many eggs at a time.	カエルは1度にたくさんの卵を産む。
He left home **shortly** before 7 a.m.	彼は朝7時少し前に家を出た。
This bird is only seen in **specific** areas.	この鳥は特定の地域でしか見られない。
The band is made up of only **male** students.	そのバンドは男子学生だけで成り立っている。
The company provides various services to the local **community**.	その会社は地元社会にさまざまなサービスを提供している。
She **eventually** succeeded as an actress.	彼女は最終的に女優として成功した。
Suddenly she stopped talking and **stared at** me.	突然彼女は話すのをやめて私を見つめた。
The typhoon caused serious damage to the **crops**.	その台風は作物に深刻な被害をもたらした。
The amusement park has over 30 **attractions**.	その遊園地には30を超えるアトラクションがある。
What **flavor** of ice cream do you like the most?	あなたは何味のアイスクリームが一番好きですか。

No.	単語	発音	品詞	意味	メモ
0831	navigation	[nǽvəgéɪʃən]	名	航行、ナビゲーション	「カーナビ」はcar navigation systemの略語だよ。
0832	crime	[kráɪm]	名	犯罪	
0833	lower	[lóʊər]	動	～を下げる	
0834	exactly	[ɪgzǽktli]	副	正確に、[強調して]まさに	
0835	handsome	[hǽnsəm]	形	ハンサムな	「ハンサムな」は日本語にもなっているね。
0836	sight	[sáɪt]	名	景色、名所	
0837	reward	[rɪwɔ́ːrd]	名	報い、報酬	
0838	benefit	[bénəfɪt]	名	利益、恩恵	
0839	situation	[sìtʃuéɪʃən]	名	状況	
0840	encourage	[ɪnkə́ːrɪdʒ]	動	～をすすめる、奨励する	encourage+人+to doで「人に～するようすすめる」という意味だよ。

The **navigation** of ships these days is mostly done by computers.	近ごろは船の航行はほとんどコンピューターによって行われている。
Recently, there have been a lot of **crimes** around here.	最近、この近辺で多くの犯罪が起きている。
If you can **lower** the price a little, I will buy the car.	もう少し価格を下げていただければ、その車を買います。
That's **exactly** the place where I wanted to go.	それはまさに私が行きたいと思っていた場所だ。
Cindy's boyfriend is **handsome**.	シンディーのボーイフレンドはハンサムだ。
New York City has a lot of **sights** to see.	ニューヨークには見るべき名所がたくさんある。
My aunt bought me a smartphone as a **reward** for passing the test.	おばは試験に合格したご褒美にスマートフォンを買ってくれた。
Every member of the club can get the **benefit** of this service.	クラブの会員は皆、このサービスの恩恵を受けることができる。
The **situation** changed suddenly.	状況は突然変化した。
Mr. Miller **encouraged** us **to** read many books.	ミラー先生は私たちに本をたくさん読むようすすめた。

PICK UP! 1 日々の生活に関する言葉

ここでは、家の周りや衣類、食べ物など、身の周りのものを表す言葉をまとめて覚えてしまおう。

■ 生活関連

guest room	客間
dining room	食堂、ダイニングルーム
restroom	化粧室、トイレ
stairs	階段
elevator	エレベーター
carpet	カーペット
front door	玄関口、玄関のドア
balcony	バルコニー
closet	クローゼット
mirror	鏡
pillow	枕
bookshelf	本だな
shelf	たな
air conditioner	エアコン
electric fan	扇風機
lamp	ランプ
washing machine	洗濯機
alarm clock	目覚まし時計
answering machine	留守番電話
microwave oven	電子レンジ
refrigerator	冷蔵庫
stove	コンロ、レンジ
frying pan	フライパン
plate	皿
garage	車庫、ガレージ
backyard	裏庭
fence	フェンス
lawn	芝生
bucket	バケツ

■ 衣類 086 MP3

suit	スーツ
jacket	ジャケット
sweater	セーター
necktie / tie	ネクタイ
scarf	スカーフ
gloves	手袋
jewelry	宝石類
ring	指輪
necklace	ネックレス
wallet	財布、札入れ
backpack	リュックサック
boots	ブーツ

■ 食べ物 087 MP3

roast chicken	ローストチキン
scrambled egg	スクランブルエッグ
French fry	フライドポテト
snack	軽食、スナック
pastry	ペストリー
pasta	パスタ
seafood	シーフード、海産物
dessert	デザート
yogurt	ヨーグルト
carrot	にんじん
garlic	にんにく
bean	豆
soybean	大豆
peanut	ピーナッツ、落花生
strawberry	いちご
blueberry	ブルーベリー
chewing gum	チューインガム

■ 素材・物質・成分

cloth	布、生地
cotton	綿
silk	絹
leather	革、皮革
rubber	ゴム
plastic	プラスチック
sponge	スポンジ
metal	金属
silver	銀
iron	鉄
liquid	液体
chemical	（化学）薬品
fat	脂肪
calcium	カルシウム

■ 行事

ceremony	式典
celebration	お祝い
wedding	結婚、結婚式
honeymoon	新婚旅行、ハネムーン
Halloween party	ハロウィーンパーティー
surprise party	サプライズパーティー
speech contest	スピーチコンテスト
class reunion	同窓会

熟語編

「熟語編」では、準2級で出題される重要な熟語300項目を見ていこう。
熟語は穴埋め問題や並べ替え問題を解くうえで、特に欠かせないものだね。熟語の意味だけを覚えるのではなく、どのような使い方をされているか、例文と一緒に身につけることが大事なんだ。

語彙問題でも長文問題、リスニング問題でも、とてもよく出題される熟語だよ。完ぺきになるまで覚えよう。

| 0841 | **decide to** *do* | 熟 〜することにする |

| 0842 | **be interested in 〜** | 熟 〜に興味がある |

知っ得！ become interested in 〜（〜に興味を持つようになる）の形でも出題されているよ。

| 0843 | **because of 〜** | 熟 〜のために |

知っ得！ 長文中でbecause of this（このため）の形でもよく出題されているよ。

| 0844 | **at first** | 熟 最初 |

| 0845 | **ask ＋ 人 ＋ to** *do* | 熟 人に〜するように頼む |

| 0846 | **used to** *do* | 熟 以前は〜だった、よく〜したものだった |

| 0847 | **pick up** | 熟 （車で）〜を迎えに行く、拾う；《預けていたもの》を受け取る |

| 0848 | **seem to** *do* | 熟 〜するように思われる |

| 0849 | **each other** | 熟 お互い（に） |

| 0850 | **be familiar with 〜** | 熟 〜に詳しい |

I've **decided to** study German next year.	来年、ドイツ語を勉強することにした。
He **is interested in** Japanese art.	彼は日本の芸術に興味がある。
I couldn't sleep well last night **because of** the noise.	私はゆうべ、その物音のためによく眠れなかった。
At first, I couldn't understand what Mr. Brown was saying.	私は最初、ブラウン先生の言っていることが理解できなかった。
She **asked** us **to** bring food to the party.	彼女は私たちにパーティーに食べ物を持ってくるよう頼んだ。
I **used to** get up early when I was in high school.	私は高校生のころ、早起きをしていた。
It started to rain really hard, so I called my dad to **pick** me **up**.	雨が激しく降ってきたので、車で迎えに来てくれるように父に電話した。
Grace **seems to** know nothing about it.	グレースはそのことについては何も知らないようだ。
How did you get to know **each other**?	あなたがたはどうやって互いに知り合うようになったのですか。
You should ask Dan. He**'s** quite **familiar with** this software.	ダンに聞いてごらん。彼はこのソフトにとても詳しいんだ。

重要度 💡💡💡

0851	keep in mind that ...	熟 …ということを覚えておく
0852	on time	熟 時間通りに
0853	in fact	熟 実は、実際は
0854	pay for ~	熟 ~の代金を支払う
0855	get along with ~	熟 ~とうまくやっていく
0856	look forward to ~	熟 ~を楽しみに待つ

知っ得！ ~に動詞が入るときは *doing* の形になるよ。

0857	look after ~	熟 ~の世話をする；~を管理する
0858	allow A to *do*	熟 Aが~するのを可能にする、許可する
0859	by mistake	熟 間違って、うっかり
0860	such as ~	熟 ~のような

Please **keep in mind that** you need to finish this job by Friday.	この仕事は金曜日までに終わらせなければならないことを忘れないでください。
You should be **on time**.	時間通りに来てください。
He looked very cold, but **in fact**, he was a very kind man.	彼はとても冷たそうだったが、実はとても親切な人だった。
Can I **pay for** this dictionary with my credit card?	この辞書の代金をクレジットカードで支払えますか。
I think you'd **get along** well **with** them.	あなたなら彼らとうまくやっていけると思いますよ。
She is **looking forward to** go**ing** to Sidney next month.	彼女は来月シドニーに行くことを楽しみにしている。
I asked him to **look after** my dog while I was out of town.	私は自分が留守の間、犬の世話をしてもらえないかと彼に頼んだ。
This software **allows** users **to** build websites easily.	このソフトを使えばユーザーは簡単にウェブサイトを作ることができる。
I took the wrong bus **by mistake**.	私はうっかり違うバスに乗ってしまった。
I like winter sports **such as** skiing, skating, and snowboarding.	私はスキー、スケート、スノーボードのような冬のスポーツが好きだ。

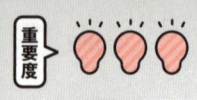

No.	熟語	意味	知っ得!
0861	**take care of ~**	~の世話をする、面倒を見る；~を保護する	
0862	**hand in**	~を提出する、手渡す	hand in hand(手に手を取って)という熟語もあるよ。
0863	**make a mistake**	間違える	
0864	**make sure (that) ...**	…だと確かめる、必ず…する	
0865	**be made from ~**	~で作られている	素材が変化して製品になっている場合だよ。
0866	**be used to *do*ing**	~することに慣れている	
0867	**for free**	無料で	
0868	**forget to *do***	~するのを忘れる	forget *do*ingだと「~したことを忘れる」という意味になるよ。
0869	**take off**	~を脱ぐ；離陸する	
0870	**had better *do***	~したほうがよい、~するべきだ	

Could you **take care of** my goldfish while I am away?	私の留守中に金魚の世話をしていただけませんか。
I have to **hand in** this report by tomorrow.	私はこのレポートをあしたまでに提出しなければならない。
She **made** some **mistakes** in her speech.	彼女はスピーチでいくつか間違えた。
Make sure that you call me when you get home.	帰宅したら、必ず私に電話をしてください。
Wine **is made from** grapes.	ワインはぶどうから作られる。
He **is used to** speak**ing** in front of large crowds.	彼は大勢の人の前で話すのに慣れている。
You can use this software **for free** for one month.	このソフトは1か月無料でご利用できます。
Don't **forget to** turn off the light when you go out.	出かけるときは電気を消すのを忘れないでください。
Please **take off** your shoes at the entrance.	入り口で靴を脱いでください。
You **had better** ask an expert for advice.	あなたは専門家にアドバイスを求めるべきだ。

0871	with care	注意して	carefully（注意深く）とほとんど同じ意味だよ。
0872	take part in ~	《催し物など》に参加する	
0873	in spite of ~	~にもかかわらず	
0874	make a decision	決断を下す、決心する 0099	
0875	take a look at ~	~を（一目）見る	
0876	continue *doing*	~し続ける	continue to *do* もほとんど同じ意味だよ。
0877	find out	~に気づく、~を知る；~を調べる	
0878	for the first time	初めて	
0879	put down	~を書き留める	
0880	once in a while	時々	sometimes とほとんど同じ意味だよ。

Please treat these accessories **with care**.	これらのアクセサリーは注意して扱ってください。
Yesterday, we **took part in** cleaning up the beach.	きのう、私たちはビーチの清掃に参加した。
We enjoyed hiking **in spite of** the rain.	私たちは雨にもかかわらずハイキングを楽しんだ。
They **made a decision** to buy their first house.	彼らは初めての家を買うと決心した。
Just **take a look at** this picture.	ちょっとこの写真を見てごらん。
They often **continued** talk**ing** on the phone until late at night.	彼らはよく夜遅くまで電話で話し続けた。
I was disappointed to **find out** that tomorrow's concert was canceled.	私はあしたのコンサートが中止になったと知ってがっかりした。
He played golf **for the first time** last month.	彼は先月、初めてゴルフをした。
What answer did you **put down** for the third question?	3問目の答え、何て書いた?
My family eats out **once in a while**.	私の家族は時々外食する。

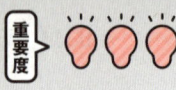

No.	熟語	意味	知っ得!
0881	be sold out	売り切れる	
0882	such a ~ A	そんなに~なA	
0883	as a result	結果として、その結果	
0884	spend A *doing*	~してAを過ごす	Aには時間を表す語句が入るよ。
0885	rely on ~	~を頼りにする、あてにする	
0886	right away	すぐに	at onceとほとんど同じ意味だよ。
0887	name A after B	BにちなんでAを名づける	
0888	try *one's* best to *do*	~するために最善を尽くす	do *one's* best to *do*とほとんど同じ意味だよ。
0889	ask for ~	~を求める、要求する	
0890	more than ~	~より多い、~以上	厳密には日本語の「~以上」と違って、その数を含まないよ。

Tickets for the jazz festival **are** all **sold out**.	そのジャズフェスティバルのチケットは全部売り切れだ。
I've never seen **such a** beautiful church.	私はこんなに美しい教会を見たことがない。
I overslept and, **as a result**, was late for work.	私は寝坊し、その結果、仕事に遅刻した。
She **spends** a long time check**ing** e-mails every evening.	彼女は毎晩、メールをチェックして長い時間を過ごす。
They **rely on** Mr. Hayashi, because he is such a hard worker.	ハヤシさんはとてもよく働くので、彼らは頼りにしている。
When I arrived at Narita Airport, I called my parents **right away**.	私は成田空港に到着すると、すぐに両親に電話した。
She **named** the baby **after** her grandfather.	彼女は祖父にちなんで赤ん坊の名前をつけた。
She said she would **try** her **best to** win the match.	彼女は試合に勝てるよう最善を尽くすつもりだと言った。
The man **asked for** a quiet table by the window.	その男性は窓際の静かなテーブルを希望した。
That building was built **more than** 100 years ago.	あの建物は100年以上前に建てられた。

0891	take over	熟 (〜を)引き継ぐ	
0892	take a seat	熟 座る	have a seatともいうよ。
0893	be worried about 〜	熟 〜について心配する	be concerned about 〜 もほとんど同じ意味だよ。
0894	see if ...	熟 …かどうか確かめる	
0895	call back	熟 〜に電話をかけ直す、折り返し電話する	
0896	get over 〜	熟 《困難・病気など》に打ち勝つ	
0897	a friend of mine	熟 友だちの一人	mineの代わりにhis、hers などが入ることもあるよ。
0898	apply for 〜	熟 〜に申し込む、応募する	
0899	in the past	熟 昔は、かつては	
0900	run out of 〜	熟 〜を使い果たす	

He **took over** his family's business.	彼は家業を継いだ。
Please **take a seat** and wait for a minute.	おかけになって少々お待ちください。
Ann seems to **be worried about** her future.	アンは将来のことについて心配しているみたいだ。
Let's **see if** we can do the same thing again.	同じことがもう1度できるか確認してみよう。
I'm on the train right now, so I'll **call** you **back** later.	今電車の中なので、あとでかけ直します。
It took me a few days to **get over** the cold.	風邪を治すのに2、3日かかった。
A friend of mine gave me the ticket.	友だちの一人が私にそのチケットをくれた。
I'd like to **apply for** a job as a waiter.	ウエーターの仕事に応募したいと思っています。
The lake was much larger **in the past**.	その湖はかつてはずっと大きかった。
I **ran out of** money while traveling around countries in Asia.	アジアの国々を旅している間に、私はお金を使い果たしてしまった。

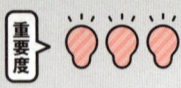

No.	熟語	意味	備考
0901	on business	仕事で	
0902	in order to *do*	～するために	否定形 in order not to *do*（～しないように）も出題されているよ。
0903	major in ～	～を専攻する	
0904	fill out	～に記入する	
0905	in time	間に合って	「～に間に合って」という場合は in time for ～ というよ。
0906	plenty of ～	十分な～、たくさんの～	
0907	be absent from ～	～を欠席する	
0908	take away	～を片づける；～を奪い去る	
0909	do well	成功する、成績がいい	
0910	close to ～	～の近くに	

My sister is going to Paris **on business** next month.	姉は来月仕事でパリへ行く。
He entered law school **in order to** become a lawyer.	彼は弁護士になるためにロースクールに入学した。
He wants to **major in** Japanese history in college.	彼は大学で日本史を専攻したいと思っている。
Could you **fill out** this form?	この用紙に記入していただけますか。
Be sure to get back **in time for** dinner.	夕食に間に合うように帰ってきなさい。
It's only nine. We have **plenty of** time to get ready.	まだ9時だから、準備する時間は十分にあるよ。
He **was absent from** school three days last week.	彼は先週、学校を3日間欠席した。
Can you **take away** these dishes, please?	この食器を片づけてもらえますか。
She **did well** on the final exams.	彼女は期末試験で成績がよかった。
I live really **close to** my school.	私は学校のすぐ近くに住んでいる。

0911	be proud of ~	~を誇りに思う	動詞にはfeelを使うこともあるよ。
0912	be based on ~	~に基づいている	
0913	and so on	~など	
0914	get married	結婚する	
0915	keep in touch	連絡を取り合う	stay in touchでもほとんど同じ意味だよ。
0916	drop by	(~に)ちょっと立ち寄る	
0917	on foot	歩いて、徒歩で	
0918	so far	今までのところ	
0919	more and more	ますます多くの~；ますます~	
0920	instead of ~	~の代わりに、~ではなく	ofの後ろに動詞がくる場合はdoingの形になるよ。

They **are proud of** their own culture.	彼らは自らの文化を誇りに思っている。
This report **is based on** facts.	このレポートは事実に基づいている。
I have to order some pencils and erasers **and so on**.	鉛筆や消しゴムなどを注文しなければならない。
They are going to **get married** next month.	彼らは来月結婚する予定だ。
They've **kept in touch** by e-mail for years.	彼らは何年もの間、メールで連絡を取り合っている。
Please **drop by** my house sometime.	いつか家にお立ち寄りください。
She is traveling around the country **on foot**.	彼女は全国を徒歩で旅して回っている。
I'm satisfied with this job **so far**.	今のところ、この仕事に満足している。
More and more people are visiting Japan these days.	近年、ますます多くの人々が日本を訪れている。
Sometimes, I walk to school **instead of** tak**ing** the bus.	時々、私はバスに乗る代わりに歩いて学校に行く。

No.	熟語	意味	メモ
0921	ask ＋ 人 ＋ for ～	熟 人に～を求める	
0922	put on	熟 ～を着る、身につける	知っ得！ wearは「着ている」という状態を表すよ。
0923	by chance	熟 偶然	
0924	thanks to ～	熟 ～のおかげで	
0925	hang up	熟 受話器を置く、電話を切る	
0926	take after ～	熟 ～に似ている	
0927	put away	熟 ～を片づける	
0928	reach for ～	熟 ～に手を伸ばす、～を取ろうとする	知っ得！ 日本語で「リーチが長い」という場合のreachだよ。
0929	sooner or later	熟 遅かれ早かれ、いつかは	
0930	want ＋ 人 ＋ to *do*	熟 人に～してほしい	

I couldn't finish my homework, so I **asked** my mother **for** help.	私は宿題が終わらなかったので、母に助けを求めた。
Put on a coat when you go out.	出かけるときはコートを着なさい。
Jenny and Walter met **by chance** while traveling through Asia.	ジェニーとウォルターはアジアを旅行していて偶然に会った。
Thanks to their efforts, the show was a success.	彼らの努力のおかげで、ショーは成功に終わった。
I'll **hang up** and call you back.	一度電話を切ってかけ直します。
Mike **takes after** his father.	マイクは父親に似ている。
Put away your textbooks before the exam starts.	テストが始まる前に、教科書を片づけなさい。
He **reached for** the book on the shelf.	彼は棚の上の本に手を伸ばした。
Sooner or later, they will know the truth.	遅かれ早かれ、彼らは真実を知ることになる。
Susan's parents **wanted** her **to** stay at home.	スーザンの両親は彼女に家にいてほしかった。

語彙問題でも長文問題、リスニング問題でも、よく出題される熟語だよ。しっかり覚えよう。

0931	try on	熟 ～を試着する	帽子や靴にも使える表現だよ。
0932	in advance	熟 あらかじめ	
0933	laugh at ～	熟 ～を見て[聞いて]笑う	
0934	clean up	熟 ～を片づける、きれいにする	
0935	for instance	熟 例えば	for exampleもほとんど同じ意味だよ。
0936	along with ～	熟 ～と一緒に、～とともに	
0937	differ from ～	熟 ～と異なる	
0938	cheer up	熟 ～を元気づける；元気になる	
0939	get away from ～	熟 ～から逃げる	
0940	work on ～	熟 ～に取り組む	

I'd like to **try on** this dress.	このドレスを試着したいのですが。
I paid 100 dollars **in advance**.	私は前もって100ドル支払った。
We **laughed at** Mr. Robert's joke.	私たちはロバート先生の冗談を聞いて笑った。
After the school festival, we had to **clean up** our classroom.	文化祭の後、私たちは教室を片づけなければならなかった。
A lot of college graduates can't find jobs, like my sister, **for instance**.	多くの大卒者が仕事につけずにいる。例えば私の姉のように。
The bookstore sells CDs and DVDs **along with** books.	その書店では本と一緒にCDやDVDも売っている。
Our method **differs** greatly **from** others.	私たちの方法はほかのものとは大きく異なる。
The letter from my grandfather **cheered** me **up**.	私は祖父からの手紙に元気づけられた。
I want to **get away from** the city during summer vacation.	私は夏休みには都会から抜け出したい。
I've been **working on** my history report for over a week.	私は1週間以上、歴史のレポートに取り組んでいる。

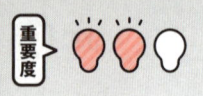

No.	熟語	意味	メモ
0941	come true	実現する	「true(本当)になる」という意味だね。
0942	far away	(遠く)離れて	
0943	these days	最近、近ごろ	
0944	on sale	セール中で、特価で	
0945	every other week	1週間おきに、隔週に	every other dayなら「1日おきに」という意味だよ。
0946	search for ~	~を探す、探し求める	
0947	in common	共通して	
0948	concentrate on ~	~に集中する	
0949	for sure	確かに、確実に	for certainもほとんど同じ意味だよ。
0950	slow down	スピードを落とす、減速する	

His dream **came true** at last.	彼の夢はついに実現した。
He had to park **far away** from the hotel.	彼はホテルから離れたところに車を止めなければならなかった。
He's working as an engineer **these days**.	最近、彼はエンジニアの仕事をしている。
These tickets are **on sale** now.	これらのチケットは今、セール中だ。
I take guitar lessons **every other week**.	私は隔週でギターのレッスンを受けている。
She didn't tell anyone she was **searching for** a new job.	彼女は新しい仕事を探していることをだれにも言わなかった。
Bob and I have much **in common**.	ボブと私には共通点が多い。
I was not able to **concentrate on** my work in the noisy room.	そのうるさい部屋で私は仕事に集中できなかった。
I don't know **for sure** why he said such a thing.	なぜ彼がそんなことを言ったのか、私は確かには知らない。
Slow down when you approach corners.	曲がり角に近づいたらスピードを落としなさい。

No.	熟語	意味	備考
0951	at least	少なくとも	
0952	be afraid of ~	~が怖い	ofの後ろに動詞がくる場合はdoingの形になるよ。
0953	write down	~を書き留める	
0954	run over	ちょっと行ってくる、一走りする	
0955	get off	(~を)降りる	反対語はget on (~に乗る)だよ。
0956	have trouble with ~	~で苦労する、~に問題がある	
0957	by heart	暗記して	
0958	come over	こちらに来る	
0959	day off	休日、休み	会社などで平日に取る休みを指すよ。
0960	in addition	そのうえ	

It will take me **at least** a week to read this book.	私がこの本を読むには少なくとも1週間かかる。
My daughter **is afraid of** bees.	娘はハチを怖がっている。
The students **wrote down** what Mr. Bill said.	生徒たちはビル先生の言うことを書き留めた。
Can you **run over** to the store and get me some eggs?	ちょっとお店に行って卵を買ってきてくれる?
We **got off** the bus at the next stop.	私たちは次の停留所でバスを降りた。
I'm **having trouble with** my new computer.	私は新しいパソコンで苦労している。
She knows all these songs **by heart**.	彼女はこれらの歌すべてを暗記している。
Why don't you **come over** for dinner tonight?	今夜、夕食を食べに来ませんか。
I want to take a **day off** next week.	来週は1日休みを取りたい。
The office is really large, and **in addition** it's located in a great area.	そのオフィスはとても広い。そのうえとてもいい場所にある。

0961	believe in ~	~の存在を信じる、~を信用する
0962	without fail	必ず、欠かさずに
0963	be similar to ~	~に似ている
0964	on the other hand	他方では、しかしながら
0965	have a chance of *do*ing	~する可能性がある
0966	get around	動き回る、あちこち移動する
0967	be bad at ~	~が下手だ
0968	when it comes to ~	~のことになると
0969	on average	平均して
0970	at risk	危険にさらされて

知っ得! be poor at ~ もほとんど同じ意味だよ。

The children still **believe in** Santa Claus.	その子どもたちはまだサンタクロースの存在を信じている。
Please call me back **without fail**.	必ず私にかけ直してください。
This sweater **is similar to** Mary's.	このセーターはメアリーのに似ている。
The higher pay would be great. **On the other hand**, I'd miss my co-workers.	給料が上がるのはうれしい。しかし同僚たちと別れたら寂しくなるだろう。
We **have** little **chance of** winn**ing** the game.	私たちは試合に勝つ可能性はほとんどない。
She usually uses a motorcycle to **get around**.	彼女は普段、あちこち移動するのにオートバイを使っている。
My sister **is bad at** cooking.	姉は料理が下手だ。
When it comes to studying foreign languages, there's no easy way.	外国語の学習に関して言えば、簡単な方法など存在しない。
Chris goes to movies twice a month **on average**.	クリスは平均して月に2回映画を見に行く。
Elephants in the area are **at risk** of being hunted.	その地域のゾウは狩猟の危険にさらされている。

No.	熟語	意味	備考
0971	aside from ~	~は除いて、別にして	
0972	make one's bed	ベッドを整える	
0973	come to one's mind	心に思い浮かぶ	
0974	check out	チェックアウトする	「チェックインする」はcheck in というよ。
0975	be crazy about ~	~に夢中になっている	
0976	offer to do	~しようと申し出る	
0977	be about to do	(まさに)~しようとしている	
0978	put aside	~を取っておく、ためる	
0979	call out	叫ぶ、声をかける	
0980	be responsible for ~	~に対して責任がある	forの後ろに動詞がくる場合はdoingの形になるよ。

Aside from the noise, the hotel room was perfect.	騒音を除けば、ホテルの部屋は完ぺきだった。
Why do I have to **make** my **bed** every morning?	なぜ毎朝ベッドを整えなければいけないのだろう。
Just then, a good idea **came to** my **mind**.	そのときふと、あるいい考えが心に浮かんだ。
Please **check out** by 11 a.m.	午前11時までにチェックアウトをお願いします。
They **are crazy about** the young singer.	彼らはその若い歌手に夢中になっている。
Ken speaks Korean, so he **offered to** be a guide for Korean tourists.	ケンは韓国語が話せるので、韓国人観光客を案内しようと申し出た。
The play **was about to** start when we got to the theater.	私たちが劇場に着いたとき、劇は始まろうとしていた。
He is **putting aside** five dollars a month to buy a bike.	彼は自転車を買うために毎月5ドルずつためている。
Suddenly somebody **called out** to me from behind.	突然だれかが後ろから私に声をかけた。
Parents **are responsible for** educat**ing** their children.	親は自分の子どもを教育する責任がある。

No.	熟語	意味	知っ得!
0981	turn on	～をつける、～のスイッチを入れる	反対語はturn off (～を消す)だよ。
0982	after all	結局(は)	
0983	make friends with ～	～と友だちになる、親しくなる	この場合のfriendは必ず複数形になるよ。
0984	stay out	外出している	
0985	out of the question	問題外の、考えられない、不可能な	
0986	tell a lie	うそをつく	
0987	all the way home	家までずっと	
0988	as usual	いつものように	
0989	keep up with ～	～に(遅れずに)ついていく	
0990	thousands of ～	何千もの～	hundreds of ～なら「何百もの～」という意味だよ。

She **turned on** the light.	彼女は明かりをつけた。
I wanted to attend the party, but I didn't **after all**.	私はパーティーに出席したかったが、結局出席しなかった。
She can **make friends with** anyone.	彼女はだれとでも友だちになれる。
You shouldn't **stay out** too late.	あまり遅くまで外出していてはいけませんよ。
Going there again is **out of the question**.	もう一度そこに行くなんて問題外だ。
She's not the kind of person to **tell a lie**.	彼女はうそをつくようなタイプの人ではない。
The dog followed me **all the way home**.	その犬は家までずっと私についてきた。
As usual, he was wearing sunglasses.	彼はいつものようにサングラスをかけていた。
It's hard to **keep up with** the changes of the world.	世の中の変化についていくのは大変だ。
They came to the island **thousands of** years ago.	彼らは何千年も前にその島にやってきた。

0991	be happy to *do*	～してうれしい、よろこんで～する
0992	at a loss	途方に暮れて
0993	at the sight of ～	～を見て
0994	be satisfied with ～	～に満足している
0995	bring about	～をもたらす、引き起こす
0996	make a new start	新たなスタートを切る
0997	on the way to ～	～に行く途中で
0998	upside down	上下逆さまに
0999	suffer from ～	《病気など》にかかる、苦しむ
1000	on board ～	《船・飛行機など》に乗って、搭乗して

知っ得！ upside(上部)をdown(下)にすると、逆さまになるね。

I'll **be happy to** show you around the city.	私がよろこんで街をご案内します。
He failed the exam and was **at a loss** about what to do in the future.	彼は試験に落ちて、その先何をしていったらいいのかわからなくなった。
She screamed **at the sight of** the spider.	クモを見て、彼女は悲鳴を上げた。
Were you **satisfied with** the service at that famous restaurant?	その有名レストランのサービスに満足しましたか。
This technology has **brought about** dramatic changes in our lives.	この技術は私たちの生活に劇的な変化をもたらしてきた。
After the war, the country **made a new start**.	戦争が終わると、その国は新たなスタートを切った。
I met a friend of mine **on the way to** the station.	駅に行く途中で、友人の一人に会った。
I hung the picture on the wall **upside down**.	私は壁にその絵を上下逆さまにかけた。
She has been **suffering from** a headache for two days.	彼女はこの2日間頭痛に苦しんでいる。
About 100 passengers were **on board** the plane.	その飛行機には約100人の乗客が乗っていた。

1001	**afford to** *do*	～するだけの余裕がある
1002	**for a moment**	少しの間、ちょっと
1003	**be independent of ~**	～から独立している、無関係でいる
1004	**cannot help** *doing*	～せずにはいられない
1005	**make up** *one's* **mind**	決心する
1006	**a variety of ~**	さまざまな～
1007	**by the way**	ところで
1008	**feel sorry for ~**	～を気の毒に思う、～に同情する
1009	**go with ~**	～に似合う
1010	**for fear of ~**	～を恐れて

知っ得！「moment（一瞬）の間」という意味だね。

The young couple couldn't **afford to** buy their own house.	その若い夫婦には自分たちの家を買う余裕はなかった。
Let me think **for a moment**.	ちょっと考えさせてください。
The young woman wants to **be independent of** her parents.	その若い女性は両親から独立したがっている。
I **cannot help** cry**ing** whenever I watch the movie.	私は、その映画を見るといつも泣かずにはいられない。
When she was 15, she **made up** her **mind** to study abroad.	彼女は15歳のときに留学する決心をした。
This farm grows **a variety of** vegetables.	この農場はさまざまな野菜を作っている。
By the way, how is your father?	ところで、お父さんはお元気ですか。
He **felt sorry for** the poor children.	彼はその貧しい子どもたちのことを気の毒に思った。
Do you think these shoes **go with** this dress?	この靴はこのドレスに似合うと思いますか。
She doesn't like to start new things **for fear of** making mistakes.	彼女は間違えることを恐れて新しいことを始めたがらない。

#	語句	意味	メモ
1011	in brief	手短に	
1012	keep on *doing*	～し続ける	keep *doing*もほとんど同じ意味だよ。
1013	a couple of ～	2、3の～	
1014	catch up with ～	～に追いつく	
1015	be in shape	体調がいい	
1016	keep A in mind	Aを心に留めておく、覚えている	
1017	come out	姿を現す、現れる	
1018	shut down	《工場・店など》が閉鎖される	close downもほとんど同じ意味だよ。
1019	on and on	長々と、延々と	
1020	at the most	多くても、せいぜい	

In brief, the event was a great success.	手短に言ってイベントは大成功だった。
They **kept on** walk**ing** without taking a rest.	彼らは休みもとらずに歩き続けた。
We stayed at the hotel for **a couple of** days.	私たちは2、3日の間、そのホテルに滞在した。
Chris ran so fast that we could not **catch up with** him.	クリスはとても速く走ったので、私たちは彼に追いつくことができなかった。
She **is in shape**, because she does yoga every day.	彼女は毎日ヨガをしているので体調がいい。
I'll **keep** your advice **in mind**.	あなたのアドバイスを心に留めておきます。
The moon **came out** from behind the clouds.	雲のうしろから月が姿を現わした。
The car factory is going to **shut down** next month.	その自動車工場は来月閉鎖される。
The singer talked **on and on** about his new song.	その歌手は新曲について延々と話した。
The rain will last for three hours **at the most**.	雨は降ってもせいぜい3時間だろう。

No.	熟語	意味	知っ得!
1021	mix up	〜を混同する	「混ぜる」というmixの意味から見当をつけよう。
1022	for fun	楽しみのために	
1023	that way	そうすれば；あちらへ	
1024	turn out to be 〜	（結局）〜であることがわかる	to beは省略されることもあるよ。
1025	burst into laughter	爆笑する、吹き出す	
1026	in place of 〜	〜の代わりに	
1027	stay in bed	寝ている	
1028	be sick of 〜	〜にうんざりしている、飽き飽きしている	
1029	be concerned about 〜	〜について心配している	be worried about 〜もほとんど同じ意味だよ。
1030	at the moment	（ちょうど）今	

Many people often **mix up** the words "affect" and "effect."	多くの人がよくaffectとeffectという単語を混同する。
Junko takes photos **for fun**.	ジュンコは楽しみのために写真を撮る。
We should save some money. **That way**, we'll be prepared for emergencies.	少しお金をためたほうがいい。そうすればいざというときの備えになるから。
The rumor **turned out to be** true, after all.	結局、そのうわさは本当だった。
When she saw my costume, she **burst into laughter**.	彼女は私の服装を見ると吹き出した。
You can use honey **in place of** sugar when you make cake.	ケーキを作るときには砂糖の代わりにハチミツを使うことができる。
He had to **stay in bed** all day, because he had a cold.	彼は風邪を引いて、一日中寝ていなければならなかった。
Jimmy **is sick of** his boring life.	ジミーは退屈な生活にうんざりしている。
She **is concerned about** her parents' health these days.	彼女は近ごろ両親の健康を心配している。
Mr. Miller is in Canada on business **at the moment**.	ミラー先生はちょうど今、出張でカナダに行っている。

#	熟語	意味	メモ
1031	make an effort to *do*	～しようと努力する	
1032	be unlikely to *do*	～しそうにない	unlikelyはlikely(～しそうな)に否定を表すun-のついた語だよ。
1033	succeed in *doing*	～することに成功する	
1034	put A in order	Aを整理する、Aの順序を整える	
1035	as for ～	～については	
1036	in harmony	調和して、仲よく	
1037	dress up	着飾る、正装する	日本語でもカタカナ語で「ドレスアップする」というね。
1038	a bunch of ～	一束の～	
1039	leave A for B	Bに向けてAを出発する	
1040	make a speech	スピーチをする	give a speechもほとんど同じ意味だよ。

All of us should **make efforts to** follow the rules.	私たちは全員、規則を守るべく努力をするべきだ。
I **was unlikely to** get the job, but I applied anyway.	その仕事にはつけそうになかったが、とにかく応募した。
The rescue team **succeeded in** sav**ing** all of the people.	レスキュー隊は全員を救出することに成功した。
I need to **put** my thoughts **in order** before I go into the meeting.	私はミーティングに出る前に考えを整理する必要がある。
As for the price, I think it's pretty expensive.	値段については、それはちょっと高いと思う。
We should learn to live **in harmony** with others.	私たちはほかの人と仲よく生きることを学ばなければならない。
They **dressed up** for the awards ceremony.	彼らは授賞式のために正装した。
Bill bought his wife **a bunch of** flowers for her birthday.	ビルは妻の誕生日プレゼントに花束を買った。
In 2015, he **left** Tokyo **for** Hong Kong.	2015年、彼は香港に向けて東京を出発した。
The girl **made a** wonderful **speech** in English.	その少女は英語で素晴らしいスピーチをした。

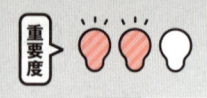

1041	**get back**	熟 戻る
1042	**give up** *doing*	熟 ～することをあきらめる
1043	**get in shape**	熟 体調を整える

> 知っ得！ get into shapeもほとんど同じ意味だよ。

1044	**carry out**	熟 ～を実行する
1045	**take A back home**	熟 Aを連れて帰る、持ち帰る
1046	**be in trouble with ～**	熟 ～のことで困っている
1047	**fall asleep**	熟 寝入る
1048	**look over ～**	熟 ～に目を通す
1049	**have trouble** *doing*	熟 ～するのに苦労する
1050	**with luck**	熟 運がよければ、うまくいけば

When did she **get back** from Singapore?	彼女はいつシンガポールから戻ってきたのですか。
I **gave up** try**ing** to fix the TV.	私はテレビを修理するのを断念した。
He started doing some exercise to **get in shape**.	彼は体調を整えるために運動を始めた。
The scientist **carried out** an experiment.	その科学者は実験を行った。
Please **take** me **back home**.	私を家に連れて帰ってください。
I**'m in trouble with** my boss now.	私は今、上司とうまくいっていなくて困っている。
I **fell asleep** while watching the movie.	私は映画を見ていて寝てしまった。
Could you **look over** my science report?	科学のレポートに目を通してもらえますか。
I **had trouble** gett**ing** to sleep last night.	私はゆうべなかなか寝つけなかった。
With luck, I might be able to get there by tomorrow.	うまくいけば、あしたまでにそこに着けるかもしれない。

1051	in case	〜するといけないので
1052	hear from 〜	〜から連絡がある
1053	fall down	倒れる、転ぶ
1054	show + 人 + around 〜	人に〜を案内して回る
1055	wear out	〜をすり減らす；すり減る
1056	stand for 〜	〜を表す
1057	tell + 人 + to do	人に〜するように言う
1058	at present	現在は
1059	make sure to do	必ず〜する、忘れずに〜する
1060	be made of 〜	〜で作られている

知っ得！ 素材が変化せずに製品の一部となっている場合に使う表現だよ。

Take your coat with you **in case** it gets cold.	寒くなるといけないからコートを持っていきなさい。
It has been three months since I've **heard from** him.	彼から最後に連絡があってから3か月になる。
She **fell down** and broke her leg.	彼女は転んで足を骨折した。
I **showed** Tom **around** my hometown.	私はトムに自分の故郷を案内して回った。
My children **wear out** their shoes quickly.	うちの子どもたちはすぐに靴をすり減らしてしまう。
"IT" **stands for** "Information Technology."	「IT」は「情報技術」を表す。
The doctor **told** me **to** eat healthier food.	医師は私にもっと健康的な食品を食べるように言った。
At present, there are 30 players on our soccer team.	現在、私たちのサッカーチームには30人の選手がいる。
Make sure to lock your car door.	忘れずに車のドアにかぎをかけなさい。
My desk **is made of** wood.	私の机は木で作られている。

語彙問題の選択肢になったり、長文問題、リスニング問題で登場したりした熟語だよ。頑張って覚えよう。

1061	**prefer to** *do*	熟 （むしろ）〜したい
1062	**ever since**	熟 その後ずっと
1063	**might have** *done*	熟 〜したのかもしれない
1064	**no longer**	熟 もはや〜ない
1065	**up to 〜**	熟 （最大）〜まで
1066	**out of order**	熟 故障して
1067	**shouldn't have** *done*	熟 〜するべきではなかったのに
1068	**as well**	熟 〜もまた
1069	**for now**	熟 今のところ、とりあえず
1070	**intend to** *do*	熟 〜するつもりだ

1067 知っ得！「実際にはしてしまった」ということを示しているよ。

I'd **prefer to** stay home and watch TV today.	きょうはむしろ家にいてテレビを見たい。
They have been working for the company **ever since**.	その後ずっと彼らはその会社で働いている。
He's really late. He **might have** forgotten about the meeting.	彼は本当に遅い。会議のことを忘れてしまったのかもしれない。
The old stadium is **no longer** being used.	その古いスタジアムは今はもう使われていない。
Koalas sleep for **up to** 22 hours a day.	コアラは1日に最長22時間眠る。
The copy machine is **out of order**.	そのコピー機は故障している。
You **shouldn't have** said that to Steve.	あなたはスティーブにあんなことを言うべきではなかったのに。
I was very hungry, so I ordered a pizza **as well**.	私はとてもおなかがすいていたので、ピザも注文した。
You can keep this book **for now**.	とりあえずこの本は君が持っていていいよ。
I **intend to** enter Russia by sea.	私は船でロシアに入るつもりだ。

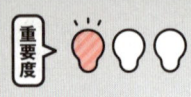

#	見出し	意味
1071	burn down	熟 焼け落ちる、全焼する
1072	in the end	熟 結局、最後には
1073	depend on ~	熟 ~による、~次第だ
1074	get used to ~	熟 ~に慣れる
1075	sign up for ~	熟 ~に入会する、申し込む
1076	advise + 人 + to do	熟 人に~するようにアドバイスする
1077	millions of ~	熟 何百万もの~、無数の~
1078	put out	熟 ~を消す
1079	be aware of ~	熟 ~に気づいている、~を知っている
1080	drop off	熟 （乗り物から）~を降ろす

知っ得！ millionは「百万」。thousands of ~(何千もの~)と同じタイプの熟語だね。

The old temple **burned down** in a fire last night.	その古い寺院は昨夜火事で全焼した。
In the end, she got married to a famous musician.	結局、彼女は有名なミュージシャンと結婚した。
The price of diamonds **depends on** their size and quality.	ダイヤモンドの値段はサイズと品質による。
He soon **got used to** his new life at school.	彼はすぐに新しい学校生活に慣れた。
She wants to **sign up for** the music club.	彼女は音楽クラブに入会したいと思っている。
Mr. Miller **advised** me **to** study harder.	ミラー先生は私にもっと勉強するようアドバイスした。
We can see **millions of** stars here at night.	ここは夜になると無数の星が見える。
Fire fighters quickly **put out** the fire.	消防士たちはすぐに火を消した。
Nobody **was aware of** the problem then.	その時にはだれも問題に気づいていなかった。
Please **drop** me **off** at the station.	駅で私を降ろしてください。

No.	熟語	意味	備考
1081	shake hands with ~	~と握手する	この場合のhandは必ず複数形になるよ。
1082	seem like ~	~のように見える	
1083	according to ~	~によれば	
1084	be tired of ~	~に飽きている	ofの後ろに動詞がくる場合はdoingの形になるよ。
1085	get in touch with ~	~と連絡を取る	
1086	little by little	少しずつ	
1087	wake up	~を起こす；目を覚ます	
1088	care for ~	~が欲しい、~を好む	
1089	get lost	道に迷う	
1090	on purpose	わざと、あえて	

The players **shook hands with** each other before the game.	選手たちは試合前に互いに握手した。
She **seems like** a nice person.	彼女はいい人のようだ。
According to the news, a big earthquake hit Turkey this morning.	ニュースによると、けさトルコで大きな地震があった。
I **am tired of** play**ing** this video game.	私はこのテレビゲームをやるのに飽きた。
How can I **get in touch with** Jasmine?	ジャスミンに連絡を取るにはどうしたらいいですか。
His Japanese has gotten better **little by little**.	彼の日本語は少しずつ上手になってきている。
Can you **wake** me **up** at 6 tomorrow morning?	あしたの朝、6時に起こしてくれますか。
Would you **care for** some tea?	お茶をどうですか。
We **got lost** on the way to Linda's house.	リンダの家に行く途中で、私たちは道に迷った。
I think that he forgot to bring the papers **on purpose**.	彼は書類を持ってくるのをわざと忘れたのだと思う。

1091	bring back	~を戻す、返品する
1092	be allowed to *do*	~することを許される
1093	stand by ~	~の味方をする
1094	tend to *do*	~しがちだ、~しやすい
1095	make sense	意味をなす
1096	make fun of ~	~をからかう、笑い者にする
1097	prepare for ~	~の準備をする
1098	point out	~を指摘する
1099	by accident	偶然、誤って
1100	get A done	Aを終わらせる

知っ得！「《食事・書類など》を準備する」ならprepareだけでいいんだよ。

Can I **bring** this jacket **back**?	このジャケットを返品できますか。
Only a few people **are allowed to** enter this area.	このエリアにはごく一部の人しか立ち入りが許されていない。
He always **stood by** me in times of trouble.	苦しいとき、彼はいつも私の味方をしてくれた。
When you are tired, you **tend to** make mistakes.	人は疲れているとミスをしがちだ。
His story didn't **make sense** to me.	彼の話は私にとって意味をなさなかった。
Her classmates **made fun of** her for her haircut.	同級生たちは彼女の髪形をからかった。
In December, everyone is busy **preparing for** the New Year.	12月は、正月の準備をするのにだれもが忙しい。
He **pointed out** that the plan had some serious problems.	彼は、その計画には重大な問題があると指摘した。
I dropped my cup **by accident** and it broke.	私は誤ってカップを落として割ってしまった。
I have to **get** this report **done** by 3 p.m.	このレポートを午後3時までに終わらせなければならない。

#	熟語	意味
1101	for *oneself*	自分で、自力で
1102	feel like *doing*	〜したい気がする
1103	from now on	今後は、これからずっと
1104	in pairs	2つ1組で、対で
1105	be different from 〜	〜と違っている
1106	apart from 〜	〜を除いて、〜は別として
1107	work for 〜	〜に勤めている
1108	for nothing	無料で
1109	in particular	特に
1110	be likely to *do*	〜しそうだ

知っ得! for free もほとんど同じ意味だよ。

Brian often cooks dinner **for** himself these days.	ブライアンは近ごろよく自分で夕食を作っている。
I don't **feel like** clean**ing** my room today.	きょうは部屋を掃除する気にならない。
Don't be late for school **from now on**.	これからは学校に遅れないようにしなさい。
These curtains are sold **in pairs**.	これらのカーテンは2つ1組で売られている。
Playing soccer **is different from** watching it on TV.	サッカーをするのは、テレビで見るのとは違う。
Apart from the bad weather, I had a great trip.	天気が悪かったことを除けば、素晴らしい旅行だった。
He **works for** a TV station in London.	彼はロンドンにあるテレビ局に勤めている。
I got the concert tickets **for nothing**.	私はコンサートのチケットを無料で手に入れた。
Is there anything **in particular** that you'd like to drink?	特に何か飲みたいものはありますか。
It **is likely to** snow.	雪が降りそうだ。

#	英語	意味
1111	for a while	熟 しばらく
1112	by far	熟 はるかに、ずっと（比較級や最上級を強める表現だよ。）
1113	go against ~	熟 ~に反する
1114	by nature	熟 生まれつき
1115	be supposed to *do*	熟 ~することになっている
1116	break down	熟 故障する
1117	on schedule	熟 予定通りに
1118	look into ~	熟 ~の中を見る、~をのぞき込む
1119	stay up late	熟 遅くまで起きている
1120	by the end of ~	熟 ~の終わりまでに

I haven't seen Mike **for a while**.	しばらくマイクと会っていない。
He is **by far** the best player on the team.	彼はチーム内でもずば抜けてすぐれた選手だ。
Mary **went against** her father's wishes and moved to Italy.	メアリーは父の望みに反して、イタリアに引っ越した。
She is shy **by nature**.	彼女は生まれつき内気だ。
A government **is supposed to** protect its people.	政府は国民を守ることになっている。
My car **broke down** on the road.	私の車は路上で故障した。
The plane arrived at the airport **on schedule**.	飛行機は予定通り空港に到着した。
He **looked into** my eyes.	彼は私の目をのぞき込んだ。
I **stayed up late** last night.	私はゆうべ遅くまで起きていた。
We have to finish the project **by the end of** this month.	私たちは今月の終わりまでにプロジェクトを終わらせなければならない。

#	語句	意味	メモ
1121	**prefer A to B**	BよりもAを好む	preferの文では「〜より」はthanではなくtoで表すよ。
1122	**in detail**	詳細に、詳しく	
1123	**print out**	〜をプリントアウトする、出力する	「プリントアウト」は日本語にもなっているね。
1124	**one by one**	1つずつ、1人ずつ	
1125	**result in 〜**	〜(という結果)につながる	
1126	**grow up**	育つ	
1127	**stand out**	目立つ、際立つ	
1128	**agree to *do***	〜することに同意する	
1129	**run after 〜**	〜を追いかける	
1130	**throw away**	〜を捨てる	

I **prefer** coffee **to** tea.	私は紅茶よりもコーヒーのほうが好きだ。
I'd like to know about the group **in detail**.	私はそのグループについて詳しく知りたい。
I **printed out** a list of the places I wanted to visit in France.	私はフランスで訪れたい場所のリストをプリントアウトした。
The actors appeared on stage **one by one**.	俳優たちは1人ずつステージに登場した。
Such a process can **result in** a loss of time.	そのようなプロセスは時間のロスにつながる可能性がある。
The famous musician **grew up** in Berlin.	その有名なミュージシャンはベルリンで育った。
The young singer **stands out** among others.	その若い歌手はほかの歌手の中でも際立っている。
They **agreed to** accept our proposal.	彼らは私たちの提案を受け入れることに同意した。
The dog is **running after** the boy.	犬はその少年を追いかけている。
Charles **threw away** all of his old CDs.	チャールズは古いCDをすべて捨てた。

#	英熟語	意味
1131	after a while	しばらくすると
1132	in line	1列に並んで ※wait in lineで「並んで待つ」という意味。
1133	turn A into B	AをBにする、変える
1134	be sure to *do*	きっと〜する
1135	be in danger	危険な状態にある
1136	take place	行われる
1137	hand out	〜を配る
1138	change *one's* mind	気が変わる
1139	eat out	外食する
1140	have a sore throat	のどが痛い

After a while, the Thai restaurant became very popular.	しばらくすると、そのタイ料理のレストランは非常に人気になった。
We had to **wait in line** to get the tickets.	私たちはチケットを入手するために、並んで待たなければならなかった。
They **turned** the old castle **into** a museum.	彼らはその古い城を美術館に変えた。
Be sure to say hello to your parents for me.	くれぐれもご両親によろしくお伝えください。
This is bad. I'**m in danger** of losing my job.	まずい。仕事を失いかねない。
The 2020 Olympic Games will **take place** in Tokyo.	2020年のオリンピックは東京で行われる。
They **handed out** food to the poor children.	彼らはその貧しい子どもたちに食べ物を配った。
I **changed** my **mind** and went to the rock concert.	私は気が変わって、ロックコンサートに行った。
Why don't we **eat out** this evening?	今晩、外食しませんか。
I have **had a sore throat** since this morning.	私はけさからのどが痛い。

PICK UP! 2 買い物・娯楽に関する言葉

ここでは、買い物、娯楽、文化などに関する言葉をまとめて覚えてしまおう。

■ 施設・商店

community center	公民館、コミュニティセンター
elementary school	小学校
dormitory	寮
stadium	スタジアム、競技場
arena	競技場、劇場
gym	体育館、ジム
theater	劇場、映画館
movie theater	映画館
studio	スタジオ、撮影所
gallery	画廊
art gallery	画廊、アートギャラリー
showroom	展示室、ショールーム
sauna	サウナ
theme park	テーマパーク
aquarium	水族館
ticket office	切符売場
ticket machine	券売機
information desk	案内所
lost-and-found office	遺失物取扱所
clinic	診療所
dental clinic	歯科医院
cafeteria	カフェテリア
grocery store	食料品店
bakery	パン屋
hair salon	美容院
parking lot	駐車場
factory	工場
national park	国立公園
castle	城

temple	寺
port	港
lighthouse	灯台
cabin	山小屋

■ 街・買い物　121 MP3

highway	幹線道路
tunnel	トンネル
sidewalk	歩道
vending machine	自動販売機
trash can	ごみ箱
credit card	クレジットカード
coupon	クーポン券
fitting room	試着室
ATM machine	現金自動預入支払機、ATM

■ 娯楽　122 MP3

drama	ドラマ
comedy	コメディー、喜劇
cooking show	料理番組
horror movie	ホラー映画
musical	ミュージカル
poem	詩
science-fiction novel	SF小説
comic book	漫画本、コミックス
electronic book	電子書籍
quiz	クイズ
magic trick	手品
trick	技、芸
puppet	操り人形、指人形
circus	サーカス
roller coaster	ジェットコースター
parade	パレード

fireworks	花火
bird-watching	バードウォッチング
barbecue	バーベキュー
campfire	キャンプファイアー
cruise	船旅、クルージング

■ 音楽・芸術・スポーツ

trumpet	トランペット
trombone	トロンボーン
orchestra	オーケストラ
art	芸術、美術
painting	絵画
statue	彫像
photography	写真撮影
tournament	トーナメント
championship	選手権、決勝戦
match	試合
badminton	バドミントン
rugby	ラグビー
ice hockey	アイスホッケー
ice skating	アイススケート
snowboarding	スノーボード
skateboarding	スケートボード
surfing	サーフィン
scuba diving	スキューバダイビング
rock-climbing	ロッククライミング
cycling	サイクリング
marathon	マラソン
ballet	バレエ
fitness	フィットネス
yoga	ヨガ
horse riding	乗馬

構文編

「構文編」では、準2級で出題される重要な構文50項目を見ていこう。
構文は、並べ替え問題や穴埋め問題を解くときに必要になるよ。長いものもあるから、苦手な人がいるかもしれないけれど、熟語と同じように、例文と一緒に覚えていこう。

並べ替え問題や語彙問題などでとてもよく出題される構文だよ。完ぺきになるまで覚えよう。

1141	too ~ to *do*	構 あまりに…なので~できない、~するには…過ぎる
1142	while ...	構 …しているときに、…している間に
1143	let + 人 + *do*	構 人に~させてやる
1144	make A B	構 AをB(の状態)にする
1145	although ...	構 …だけれども
1146	whenever ...	構 …するときはいつでも
1147	enough A to *do*	構 ~するのに十分なA
1148	until ...	構 …するまで
1149	even though ...	構 …だけれども
1150	both A and B	構 AとBの両方とも

1145 知っ得！ thoughでもほとんど同じ意味だよ。

1150 知っ得！ AとBには名詞だけでなく、動詞や形容詞が入ることもあるよ。

She is **too** young **to** go on a trip by herself.	彼女は一人で旅行に行くには若過ぎる。
She found an old album **while** she was cleaning her room.	彼女は部屋を掃除しているときに、古いアルバムを見つけた。
My parents **let** me go hiking with my friends.	両親は私を友人たちとハイキングに行かせてくれた。
Stricter traffic laws are necessary in order to **make** roads safer.	道路をもっと安全にするにはより厳しい交通規則が必要だ。
Although she was tired, she kept working.	彼女は疲れていたが、働き続けた。
By using online stores, we can buy things **whenever** we want.	オンラインストアを使えば、欲しいときにはいつでもものを買うことができる。
I didn't have **enough** time **to** eat breakfast this morning.	私はけさ、朝食を食べるのに十分な時間がなかった。
We couldn't leave **until** my father came home.	私たちは父が帰宅するまで出発することができなかった。
Even though the question was really difficult, he solved it quickly.	その問題は非常に難しかったけれども、彼はそれをすぐに解いた。
Basketball can be played by **both** boys **and** girls.	バスケットボールは男の子も女の子もプレーすることができる。

1151	even if ...	たとえ…だとしても
1152	It is ~ (for + 人) to *do*.	(人が)~するのは…だ
1153	once ...	一度…すると
1154	if it had not been for ~	もし~がなかったとしたら （過去の事実に反する仮定をする表現だよ。）
1155	so that ...	…するように
1156	not ~ anymore	もう~ない
1157	make A *do*	Aを~させる
1158	make it ~ for + 人 + to *do*	人が~するのを…にする
1159	not only A but (also) B	AばかりでなくBも
1160	hear + 人 + *doing*	人が~しているのが聞こえる

Even if we leave right now , we still won't catch the last bus.	たとえ今すぐに出かけても、終バスには間に合わないだろう。
It is hard **for** beginners **to** drive a car on a snowy day.	初心者が雪の日に車を運転するのは難しい。
Once you buy this ticket, you cannot get your money back.	一度このチケットをお求めになると、払い戻しはできません。
If it hadn't been for his goal, we would have lost.	彼のゴールがなかったら、私たちは負けていただろう。
The English teacher talked slowly **so that** the students could understand.	英語の先生は、生徒たちが理解できるようにゆっくりと話した。
Grace does**n't** need our help **anymore**.	グレースはもはや私たちの助けを必要としていない。
George tried to **make** his son go to college.	ジョージは息子を大学に行かせようとした。
The Internet has **made it** easy **for** people **to** collect information.	インターネットのおかげで人々が情報を集めるのが簡単になった。
His paintings are popular **not only** in Japan, **but also** all over the world.	彼の絵は日本だけでなく世界中で人気がある。
I **heard** Caren practic**ing** the piano in her room.	カレンの部屋から彼女がピアノの練習をしているのが聞こえた。

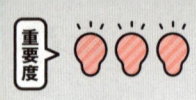

No.	見出し	意味	補足
1161	**find it ... to *do***	〜するのが…だ（とわかる）	
1162	**as 〜 as ever**	相変わらず、依然として	
1163	**none of A**	Aのうちの1つも〜ない	
1164	**unless ...**	…でなければ、…しない限り	
1165	**as if ...**	まるで…かのように	この場合のif節の動詞は過去形になるよ。
1166	**keep A from *do*ing**	Aが〜するのを防ぐ、妨げる	
1167	**not 〜 at all**	少しも〜ない	
1168	**so 〜 that ...**	とても〜なので…だ	
1169	**not as 〜 as A expected**	Aが思っていたほど〜ない	過去の文では2番目のasの後ろはA had expectedの形になるよ。
1170	**whoever 〜**	〜する者はだれでも	

I **found it** difficult **to** believe what Andy said.	アンディーが言ったことを信じるのは難しかった。
He is **as** busy **as ever**.	彼は相変わらず忙しい。
When I walked by the office last night, **none of** the lights were on.	ゆうべオフィスの前を通ったとき、電気は1つもついていなかった。
Unless it rains, she's going to go to the beach.	天気が悪くない限り、彼女はビーチに行くつもりだ。
He talks **as if** he knew everything about Brazil.	彼はまるでブラジルのことなら何でも知っているかのように話す。
They did their best to **keep** the disease **from** spread**ing**.	彼らはその病気がまん延するのを防ぐために全力を尽くした。
His joke was**n't** funny **at all**.	彼の冗談は少しも面白くなかった。
The water was **so** clear **that** I could see the bottom of the lake.	水がとても澄んでいたので湖底が見えた。
Her grade on the science test was **not as** good **as** she**'d expected**.	科学のテストの成績は彼女が思っていたほどよくなかった。
Whoever solves the most puzzles correctly will win the prize.	一番たくさん正しくパズルを解いた人が賞を与えられます。

並べ替え問題や語彙問題などでよく出題される構文だよ。しっかり覚えよう。

1171	some ~, others ...	～する人もいれば…する人もいる
1172	whether ... or not	…であろうとなかろうと
1173	not so much A as B	BほどAでない、AというよりはB
1174	more ~ than A expected	Aが思っていたより～
1175	either A or B	AかBか
1176	It looks like	…であるようだ
1177	... enough to *do*	～するのに十分なくらい…
1178	could have *done*	～できたのに
1179	will have *done*	～したことになる
1180	neither of A	Aのどちらも～ない

1174 知っ得！ 過去の文ではthanの後ろはA had expectedの形になるよ。

1178 知っ得！ 実際にはできなかった事柄について使う表現だよ。

While **some** people like the movie, **others** say it is boring.	その映画が好きな人もいれば、それは退屈だという人もいる。
You will have to get a job, **whether** you want to **or not**.	あなたが望むか否かにかかわらず、仕事につかなければならない。
He is **not so much** a scientist **as** a journalist.	彼は科学者というよりはジャーナリストだ。
The exam was easi**er than** I **had expected**.	試験は思っていたより簡単だった。
They are looking for a person who plays **either** the guitar **or** the piano.	彼らはギターかピアノを弾ける人を探している。
It looks like it's going to rain.	雨が降りそうだ。
Her English is good **enough to** communicate with foreigners.	彼女の英語は外国人と意思疎通するのに十分なほどうまい。
If I had had more money, I **could have** bought the dictionary.	もっとお金を持っていたら、その辞書が買えたのに。
Next month, Jim **will have** been living in this town for three years.	来月でジムはこの町に3年住んだことになる。
Neither of my two clocks is working.	私の2つの時計はどちらも動いていない。

No.	見出し	意味	知っ得!
1181	see ＋ 人 ＋ *do*	人が〜するのを見る	「〜しているのを見る」なら*doing*の形になるよ。
1182	It seems that	…のようだ	
1183	whatever ...	…なものなら何でも	
1184	wherever ...	どこへ…しても	
1185	twice as 〜 as A	Aの2倍〜	「3倍」以上はthree times、four times …というよ。
1186	A as well as B	BだけでなくAも（また）	
1187	as 〜 as possible	できるだけ〜	
1188	leave A 〜	Aを〜にしておく	
1189	make it 〜 to *do*	〜することを…にする	
1190	have ＋ 人 ＋ *do*	人に〜させる［してもらう］	

I **saw** Hank enter the post office.	私はハンクが郵便局に入る**の**を見**た**。
It seems that this report is missing some pages.	このレポートには数ページ抜けがある**ようだ**。
I'll buy you **whatever** you want.	あなたが欲しい**もの**を**何でも**買ってあげましょう。
He takes a book with him **wherever** he goes.	彼は**どこへ**行く**にも**本を持っていく。
This new guide is **twice as** long **as** the old one.	この新しいガイドブックは古い版**の2倍の**長さだ。
Susan speaks Spanish **as well as** English.	スーザンは英語**だけでなく**スペイン語**も**話す。
I have to finish this report **as** soon **as possible**.	**できるだけ早く**このレポートを書き上げなければならない。
Is it okay if I **leave** the windows open for a while?	しばらく窓を開け**ておいて**いいですか。
Computers have **made it** possible **to** do a lot of work in a short time.	コンピューターのおかげで短時間に多くの仕事を**することが**可能**になった**。
Mr. Brown **had** her read Chapter 3 of the textbook.	ブラウン先生は彼女に教科書の第3章を読ま**せた**。

PICK UP! 3 仕事に関する言葉

ここでは、仕事関連の言葉を覚えよう。職業名は穴埋め問題にも出題されるのでしっかり覚えよう。

■ 職業・人を表す言葉

director	（映画などの）監督、ディレクター
actor	俳優
photographer	写真家、カメラマン
model	モデル
musician	ミュージシャン
entertainer	エンターテイナー、芸能人
writer	作家
poet	詩人
editor	編集者
translator	翻訳者、通訳
sailor	船乗り、船員
captain	船長
flight attendant / cabin attendant	客室乗務員
crew	乗組員
fisherman	漁師
chef	料理人
lawyer	弁護士
scientist	科学者
professor	教授
researcher	研究者、調査員
master	修士、男性教師
principal	校長
dentist	歯医者
farmer	農場主、農家
mayor	市長
officer	警官
mailman / mail carrier	郵便配達員

athlete	運動選手
librarian	図書館員
carpenter	大工
engineer	エンジニア、技術者
repairman	修理工
explorer	探検家
guide	ガイド
guard	守衛
sales clerk	店員
salesperson	販売員
waitress	ウエートレス
owner	持ち主、オーナー
manager	経営者、管理者
boss	上司
employee	従業員
office worker	事務員
expert	専門家
beginner	初心者
inventor	発明家
collector	収集家
adviser	助言者、忠告者
trainer	トレーナー、指導者
instructor	指導員、インストラクター
patient	患者
viewer	視聴者
guest	(パーティーなどに招かれた)客
cyclist	自転車に乗る人
soldier	兵士
thief	泥棒
teenager	10代の若者
nephew	おい

hero	英雄
emperor	皇帝

■ ビジネス関連　　130 MP3

stamp	切手
express mail	速達
airmail	航空便
application form	申込用紙
laptop computer	ノートパソコン
screen	スクリーン、画面
keyboard	キーボード
calculator	計算機
overtime	時間外に、残業して

■ 旅行・乗り物　　131 MP3

sightseeing	観光
tourist	観光客
front desk	フロント
lobby	ロビー
hallway / corridor	廊下
shuttle bus	シャトルバス
suitcase	スーツケース
souvenir	（旅などの）記念、みやげ
receptionist	受付
boarding pass	搭乗券
banquet room	宴会場
gift shop	みやげ店
guidebook	ガイドブック
motorbike / motorcycle	オートバイ
vehicle	乗り物、車
ambulance	救急車
subway	地下鉄
sailboat	ヨット、帆船

会話表現編

「会話表現編」では、準2級で出題される重要な会話表現72項目を見ていこう。
ここでは、会話表現問題で出題される可能性の高いものばかりを取り上げているよ。実際の会話でもよく使われる大切な表現だから、繰り返し読んで覚えてしまおう。

重要度 ●●●

会話問題やリスニング問題でとてもよく出題される会話表現だよ。完ぺきになるまで覚えよう。

1191
A: **Welcome to** Japan, Robert. How was your flight?
B: It was nice.
A: 日本へようこそ、ロバート。空の旅はどうでしたか。
B: よかったですよ。

1192
A: What time does the movie start?
B: **Let me** check on my smartphone.
A: 映画って何時に始まるの?
B: スマートフォンで調べてみるよ。

知っ得! let me do で「(私が)〜しましょう」という意味だよ。

1193
What **on earth** is Miranda thinking?
一体ミランダは何を考えているんだろう。

1194
A: Could I speak to Mr. White?
B: **I'm afraid** he is out at the moment.
A: ホワイト先生とお話できますか。
B: あいにく、今外出しております。

1195
I have something to say about the next meeting.
次回の会議について言いたいことがあります。

1196
A: **What do you think of** our new English teacher?
B: He seems like a nice person.
A: 新しい英語の先生をどう思う?
B: いい人みたいだね。

1197
A: Do you think we can drink this river water?
B: Let's **go ahead and** try it.
A: この川の水、飲めると思う?
B: 思い切って飲んでみよう。

1198
A: I can't solve this problem.
B: **Why don't you** ask your brother Bob**?**
A: この問題が解けないんだ。
B: お兄さんのボブに聞いてみたら?

1199
I**'d rather** go there on foot than by bus.
私はそこへバスで行くより、むしろ歩いて行きたい。

1200
A: You don't look well. Are you OK?
B: **I'm not sure**, but I feel like I have a slight fever.
A: 調子がよくなさそうだよ。大丈夫?
B: よくわからないけど、少し熱がある気がする。

1201
This bag is nice and cheap, but I don't like yellow. **I wish** it was a different color.
このかばんは素敵だし安いけど、黄色は好きじゃないな。ほかの色ならよかったのに。

1202
A: The sales meeting starts at 2 p.m., right?
B: **That's right.**
A: 営業会議が始まるのは午後2時ですよね。
B: その通りです。

1203
A: What do you want to do this weekend?
B: **How about go*ing* to a movie?**
A: 今週末は何がしたい?
B: 映画に行くのはどう?

1204
I was wondering if you could come to my office this afternoon.
きょうの午後、こちらのオフィスに来ていただけませんでしょうか。

1205
A: I'm going to see sumo wrestling next Saturday.
B: **That sounds like fun.**
A: 今度の土曜日に相撲を見に行くんです。
B: 楽しそうですね。

知っ得! 単にSounds like fun.またはSounds fun.ともいうよ。

1206
A: Where should we go for dinner?
B: **It's up to you.** What would you like to eat?
A: 夕食はどこに食べに行く?
B: 任せるよ。何が食べたい?

1207
A: Are you sure Ryan is coming here?
B: Yes, **no doubt about it**. I just talked him on the phone.
A: ライアンは必ずここに来るのね?
B: うん、間違いないよ。電話で話したばかりだから。

知っ得! There is no doubt about it.の形でも使うよ。

1208
A: **Do you mind if** I smoke here?
B: No, not at all. Go ahead.
A: ここでたばこを吸ってもいいですか。
B: ええ、どうぞ。

知っ得! mindは「気にする」という意味なので、答えのYesとNoの使い方に注意しよう。

1209 **Frankly speaking,** I don't want to work with her.
率直に言って、私は彼女と一緒に仕事をしたくない。

1210
A: Hello, Ms. Hill. Is Gina home?
B: Sorry, but she's out now. **May I take a message?**
A: もしもし、ヒルさん。ジーナはいますか。
B: 今出かけているのよ。伝言をうかがいましょうか。

1211
A: I like this CD very much.
B: **So do I.**
A: このCD、大好き。
B: 私も。

> Me, too.もほとんど同じ意味だよ。

1212
A: Hey, let's go out for a walk.
B: **Leave me alone.** I'm doing my homework.
A: ねえ、散歩に行こうよ。
B: 放っておいてよ。今、宿題をやってるんだから。

1213
A: Why do you think he is so angry?
B: **I have no idea.**
A: なぜ彼はあんなに怒ってるんだと思う?
B: わからないよ。

1214
A: Why can't we go to Bali?
B: **To begin with,** the plane tickets are too expensive.
A: 私たちはなぜバリに行けないの?
B: 第一、飛行機代が高過ぎるよ。

1215
A: I didn't attend the meeting yesterday.
B: **Neither did I.**
A: きのうの会議に出席しなかったんです。
B: 私もです。

> 否定文に対して「私も〜しなかった」という場合に使うよ。

1216
A: Wendy, what do you want for lunch?
B: **Anything will do.**
A: ウェンディー、昼ごはんは何がいい?
B: 何でもいいわよ。

1217
To be honest with you, that shirt doesn't look good on you.
正直に言うと、そのシャツはあなたに似合わないわ。

1218
Attention, passengers on ABC Airlines Flight 295 to Tokyo.
ABC航空295便東京行きにご搭乗のお客様にお知らせいたします。

1219
Why don't we go and see a movie tonight?
今夜、一緒に映画を見に行きませんか。

1220
If only I didn't have so much homework I could read the book.
こんなにたくさんの宿題さえなかったら、その本が読めるのに。

1221
A: You look tired. **What's the matter?**
B: I stayed up all night last night.
A: 疲れているみたいね。どうしたの?
B: ゆうべ徹夜だったんだ。

1222
A: The computer seems to be broken.
B: **That's why** I called you. Can you help me fix it?
A: コンピューターが壊れてるみたいだね。
B: それで電話したのよ。直すのを手伝ってくれる?

1223
A: Do you want me to pick you up?
B: **That would be great.**
A: 車で迎えに行きましょうか。
B: そうしてもらえるとうれしいです。

1224
A: Veronica, I have two tickets for tomorrow's concert. Do you want to come?
B: Sure, **if you don't mind**.
A: ヴェロニカ、あしたのコンサートのチケットが2枚あるんだ。行かない?
B: もちろん、あなたがいいなら。

1225
A: I'm calling you because my cat seems to be sick.
B: **What's wrong with her?**
A: うちのネコが病気のようなのでお電話しています。
B: どうしましたか。

1226
Would it be possible to change to another room**?**
別の部屋に変えていただくことはできますか。

> 知っ得!
> 丁寧さは減るけど、Is it possible to do ～?ともいうよ。

1227
A: Hello. Susan **speaking**.
B: Hi, Susan. This is Ken.
A: もしもし、スーザンです。
B: やあ、スーザン。ケンだよ。

1228
A: You can use my bicycle.
B: **That's very kind of you.**
A: 私の自転車を使ってもいいですよ。
B: ご親切にどうも。

知っ得！ That's very nice of you. もほとんど同じ意味だよ。

1229
A: Can I return this book?
B: **No, I'm afraid not.**
A: この本を返品できますか。
B: 申し訳ありませんが、できません。

1230
Be sure to **say hello to** Bob for me if you see him.
ボブに会うことがあったらよろしく伝えてね。

1231
A: I'm going to play in tomorrow's soccer game.
B: Great. **Good luck!**
A: あしたサッカーの試合に出るんだ。
B: すごい。頑張ってね。

1232
A: **Guess what!** I heard Lucy is going to move next month.
B: Really?
A: ちょっと聞いて！ ルーシー、来月引っ越すんですって。
B: 本当に？

知っ得！ 話を切り出すときに使うよ。

1233
A: I liked your performance very much.
B: Thank you. **That's good to hear.**
A: 君の演奏、とてもよかったよ。
B: ありがとう。それを聞いてうれしいわ。

1234
A: I forgot my backpack on the train yesterday.
B: **That's terrible.**
A: きのう、電車にリュックを忘れちゃって。
B: それは大変だったね。

1235
This special price is only for the first 20 people, so **don't miss this chance.**
この特別価格は先着20名様限定です。この機会をお見逃しなく。

1236
A: I'd like to check out please.
B: Sure. **May I have your name** and room number, please**?**
A: チェックアウトをお願いします。
B: かしこまりました。お名前とお部屋の番号を頂戴できますか。

1237
A: Would you like another cup of tea?
B: No, thanks. **I've had enough.**
A: 紅茶をもう1杯いかがですか。
B: いいえ、もう十分いただきました。

1238
If possible, I'd like to exchange American dollars for Japanese yen.
できれば、アメリカドルを日本円に両替したいのですが。

1239
A: Can I come to your house at 3 p.m.?
B: **That's fine with me.**
A: お宅に午後3時にうかがってもいいですか。
B: 私はそれで構いませんよ。

1240
A: Hello.
B: Hi. **This is** Alice **calling**. Is Tom home?
A: もしもし。
B: もしもし。アリスです。トムはいますか。

1241
A: I'd like to go to the theater by bus. **How long will it take?**
B: Maybe, about 20 minutes.
A: バスで劇場に行きたいのですが。どのくらいかかりますか。
B: たぶん20分くらいでしょう。

1242
A: Why don't we have curry for lunch?
B: **That sounds great.**
A: 昼食にカレーを食べませんか。
B: いいですね。

> greatの代わりにgood、perfect, lovelyなどを使うこともあるよ。

1243
A: I heard you are going to the beach tomorrow. **Is it all right if** I go with you?
B: Sure.
A: あした、君がビーチに行くと聞いたんだ。僕も一緒に行っても構わないかな。
B: もちろん。

1244
A: How about this black sweater? It's on sale.
B: **I'll take it.**
A: こちらの黒いセーターはいかがですか。ただ今割引中です。
B: それをいただきます。

1245
A: **What happened to** your bike**?**
B: It got a hole in its tire.
A: あなたの自転車はどうしたんですか。
B: タイヤに穴が空いてしまったんです。

1246
A: My sister had a baby yesterday. It was a girl!
B: Congratulations! **I bet** she's cute.
A: きのう姉に子どもが生まれたんだ。女の子だよ!
B: おめでとう! きっとかわいいでしょうね。

1247
I'd prefer it if you smoked outside.
外でたばこを吸ってもらえるとありがたいのですが。

1248
If you need further details, **feel free to** ask.
さらに詳しい情報が必要な場合は、お気軽にお問い合わせください。

1249
A: **May I take your order?**
B: Could you give me a few more minutes? I haven't decided yet.
A: ご注文はお決まりですか。
B: あと2、3分待ってもらえますか。まだ決まっていません。

知っ得!
Are you ready to order?（注文する準備ができましたか）も似た意味の表現だよ。

1250
Hello. This is Melissa White. **May I speak to** Mr. Keyes, please**?**
もしもし。メリッサ・ホワイトです。キースさんをお願いできますか。

1251
A: **What if** he doesn't agree**?**
B: That's impossible.

A: 彼が賛成しなかったらどうするの。
B: そんなことあり得ないよ。

1252
A: I lost my pen. Can you lend me one?
B: Sure. **Here you are.**

A: ペンをなくしました。1本貸してもらえますか。
B: いいですよ。どうぞ。

> 物を差し出すときに使う。Here you go.もほとんど同じ意味だよ。

1253
A: How much is a single room?
B: **It depends.** When are you planning to stay?

A: シングルルームはおいくらですか。
B: 場合によります。いつ滞在のご予定ですか。

1254
To tell you the truth, I don't want to wear this dress.

実のところ、このドレスは着たくないの。

1255
A: This photo of the sunset is really beautiful.
B: **It sure is.**

A: この夕日の写真、とてもきれいだね。
B: 本当にそうね。

1256
A: Is the bus stop far from here?
B: **It's** about a fifteen-minute **walk**.

A: バス停はここから遠いですか。
B: 歩いて15分くらいです。

1257 **I need a favor.** Can you get some carrots at the supermarket on your way home?
お願いがあるんだけど。帰りにスーパーでニンジンを買ってきてくれない?

1258
A: I wonder if Kim will come to the party.
B: **Why not** ask her directly**?**
A: キムはパーティーに来るのかな。
B: 直接聞いてみたら?

1259
A: Hello. This is Jim. Is Meg home?
B: Sorry, **you have the wrong number.**
A: もしもし。ジムです。メグはいますか。
B: すみませんが、おかけ間違いです。

1260 **It's time to** stop playing that video game and start your study.
テレビゲームをやめて勉強を始める時間だよ。

知っ得! It's time for ~.(~の時間だ)という表現も覚えておこう。

1261
A: I'd like to leave school early today.
B: **What's wrong?**
A: きょうは学校を早退したいのですが。
B: どうしたのですか。

1262
A: Amy must be excited to see the singer.
B: Yeah, **I guess so**.
A: エイミーはその歌手に会えたら興奮するだろうね。
B: うん、そうかもね。

PICK UP! 4 自然・学問に関する言葉

ここでは、体の部位や自然・環境に関する言葉、動物の名前などを覚えよう。

■ 身体・医療   138 MP3

muscle	筋肉
bone	骨
brain	脳
chest	胸
lung	肺
stomach	腹、おなか
back	背中
arm	腕
knee	ひざ
headache	頭痛
toothache	歯痛
stomachache	腹痛
sunburn	日焼け
cancer	がん
heart attack	心臓発作
bacteria	バクテリア

■ 自然・環境   139 MP3

planet	惑星
garbage	ごみ、生ごみ
pollution	汚染
global warming	地球温暖化
desert	砂漠
fossil	化石
fuel	燃料
soil	土
rainforest	雨林
earthquake	地震
storm	嵐

wildlife	野生生物
creature	生き物
forest	森
jungle	ジャングル
farmland	農地
highland	高地
ocean	海、大洋
island	島
bay	湾
coast	海岸
coastline	海岸線
seashore	海岸、海辺

■ **動物**

puppy	子犬
kitten	子ネコ
bear	クマ
cow	乳牛、雌牛
deer	シカ
fox	キツネ
camel	ラクダ
hippopotamus	カバ
kangaroo	カンガルー
goat	ヤギ
wolf	オオカミ
rat	ネズミ
pigeon	ハト
duck	アヒル
chicken	鶏、ニワトリ
bald eagle	ハクトウワシ
hummingbird	ハチドリ
goldfish	金魚

frog	カエル
turtle	カメ
lizard	トカゲ
crocodile	ワニ
snake	ヘビ
insect	虫
butterfly	チョウ
ant	アリ
bee	ハチ
spider	クモ
whale	クジラ
shark	サメ
salmon	サケ
shellfish	貝類
dinosaur	恐竜

■ 学問　　141 MP3

literature	文学
chemistry	化学
psychology	心理学
geography	地理学
electronics	電子工学

■ 形態を表す言葉　　142 MP3

huge	巨大な
tiny	とても小さな
thick	厚い
thin	薄い
straight	真っすぐな
round	丸い
circle	円
edge	(物の) ふち、へり

索引

この索引には、本書で取り上げた単語、熟語、構文、会話表現が、それぞれアルファベット順に掲載されています。数字はページ番号を示しています。薄い数字は、語句が派生関係の語として収録されていることを表しています。

単語

a
- ability 104
- able 104
- above 40
- abroad 90
- accept 146, 170
- access 36
- accident 14
- accidentally 120
- accomplish 92
- achieve 50
- achievement 50
- across 60
- act 168
- active 50
- activity 50
- actor 254
- actually 8
- add 112
- additional 78
- admit 38
- adult 54
- advanced 126
- advantage 100
- adventure 72
- advertisement 144
- advertising 144
- advice 36
- advise 36
- adviser 255
- affect 170
- afterwards 96
- against 78
- age 92
- agree 52, 64
- agreement 116
- air conditioner 176
- air force 170
- airmail 256
- alarm clock 176
- allergy 38
- allow 38
- amateur 84
- amazing 156
- ambulance 256
- amount 54
- amuse 82
- ancestor 70
- ancient 98
- anger 84
- angrily 94
- angry 84, 94
- anniversary 64
- announce 58
- announcement 46
- annually 144
- answering machine 176
- ant 272
- anytime 84
- anyway 40
- anywhere 114
- apologize 80
- apparently 88
- appeal 78
- appear 110
- appearance 110
- application form 256
- appointment 42
- approach 148
- aquarium 240
- area 12
- arena 240
- argue 36
- argument 36
- arm 270
- army 170
- arrive 10
- art 242
- art gallery 240
- article 44
- asleep 78
- assist 80
- assistance 80
- athlete 255
- ATM machine 241
- atmosphere 140
- attack 154
- attend 54
- attention 34
- attract 114
- attraction 114, 172
- attractive 114
- audience 120
- author 84
- available 54
- average 122
- avoid 108

b
- back 270
- backpack 177
- backyard 176
- bacteria 270
- badly 148
- badminton 242
- bake 30
- bakery 240
- balance 136
- balanced 136
- balcony 176
- bald eagle 271
- ballet 242
- banquet room 256
- barbecue 242
- bark 70
- bay 271

273

bean	177	cabin attendant	254	chef	254
bear	271	cafeteria	240	chemical	178
beautiful	158	calcium	178	chemistry	272
beauty	158	calculator	256	chest	270
bee	272	calm	126	chew	92
beginner	255	camel	271	chewing gum	177
behave	82	campfire	242	chicken	271
behavior	82	cancel	18	childhood	96
belief	98	cancer	270	choice	50
believe	98	capital	72	choose	8
below	40	captain	254	circle	272
bend	82	career	74	circus	241
benefit	174	careful	28	citizen	162
beside	132	carefully	28, 186	claim	146
besides	132	careless	88	class reunion	178
beyond	148	carpenter	255	clean	140
bill	170	carpet	176	clear	58
bird-watching	242	carrot	177	clearly	58
bite	48	carry	16	climate	34
blame	158	cash	28	climb	94
blind	164	castle	240	clinic	240
block	66	casual	90	closet	176
blow	92	casually	90	cloth	178
blueberry	177	cause	44	clothes	10
boarding pass	256	celebrate	112	clothing	100
bone	270	celebration	112, 178	coast	271
book	164	center	118	coastline	271
bookshelf	176	central	118	collect	44
boots	177	century	68	collection	66
bored	110	ceremony	178	collector	44, 255
boring	42	certain	90	colorful	88
borrow	8	challenge	122	comedy	241
boss	255	championship	242	comfortable	42
bother	160	chance	20	comfortably	42
brain	270	character	114	comic book	241
breath	106	charity	152	common	116
breathe	106	charming	170	commonly	116
bright	52	chase	132	communicate	42
brightly	52	chat	88	communication	42
broken	18	cheap	8, 10	community	172
bucket	176	cheaply	10	community center	
burn	64	check	10		240
butterfly	272	cheer	78	compare	122
cabin	241	cheerfully	92	competition	170

complain	86	crowded	14	difficult	100	
complaint	146	cruise	242	difficulty	100	
complete	90	culture	148	dig	98	
completely	48	cure	62	dining room	176	
condition	50	custom	46	dinosaur	272	
conference	162	customer	26	direct	162	
confident	114	cycling	242	direction	56	
confuse	54	cyclist	255	directly	34	
connect	118	**d ▸** daily	130	director	254	
connection	118	damage	14	disagree	64	
contact	46	danger	24	disappear	102	
contain	106	dangerous	16, 24	disappointed	22	
container	106	dangerously	24	discount	26	
continue	98	dark	52	discover	108	
control	24	data	102	discovery	68	
convenience	124	date	12	discuss	160	
convenient	124	deadline	80	discussion	160	
conversation	128	deal	136	disease	66	
cooking show	241	decide	26	dislike	166	
copy	96	decision	26	display	98	
corner	70	decorate	32	distance	58	
correct	136	decoration	32	divide	42	
correctly	136	decrease	22, 42	donate	160	
corridor	256	deer	271	dormitory	240	
cost	10	degree	24	double	168	
costume	128	delay	62	downstairs	136	
cotton	178	delicate	140	downtown	36	
count	36	delicious	92	drama	164, 241	
countryside	58	deliver	106	dramatic	164	
couple	100	delivery	106	draw	152	
coupon	241	demonstrate	74	dress	140	
cow	271	dental clinic	240	drop	28	
co-worker	32	dentist	254	duck	271	
create	40	department	136	**e ▸** earn	60	
creation	70	describe	164	earthquake	270	
creative	40	desert	270	easily	30	
creature	271	design	22	easy	30	
credit card	241	desire	154	edge	272	
crew	254	dessert	177	editor	254	
crime	174	destroy	162	educate	120	
crocodile	272	detail	128	education	166	
crop	172	develop	64	effect	98	
cross	54	die	60	effort	166	
crowd	14	diet	154	electric	142	

electric fan	176	exchange	18	fill	112
electrical	142	excuse	144	final	90
electricity	142	exercise	22	finally	20
electronic book	241	exhibition	46	fireworks	242
electronics	272	exist	120	fisherman	254
elementary school	240	expand	152	fit	94
		expense	160	fitness	242
elevator	176	expensive	8, 10	fitting room	241
else	16	experience	18	fix	12
embarrass	152	experiment	108	flat	52
emergency	82	expert	255	flavor	172
emperor	256	explain	30	flight	16
employ	148	explanation	30	flight attendant	254
employee	148, 255	exploration	40	float	132
empty	42	explore	40	floor	108
encourage	174	explorer	255	fold	150
enemy	130	export	88	follow	64
energy	44	express	128	following	108
engineer	255	express mail	256	foreign	74
enjoy	138	expression	146	forest	271
enjoyable	138	extra	26	forever	142
enter	20	**f** ▸face	168	forget	12
entertain	118	factory	240	forgive	60
entertainer	254	fail	30	form	98
entertainment	118	failure	30	formal	164
entrance	38	fair	112	formally	164
environment	120	fairly	66	fortunately	58
environmental	120	familiar	124	fossil	270
equal	80	fantastic	100	fox	271
equally	80	fare	146	frame	130
equipment	78	farm	102	free	72
erase	104	farmer	254	freedom	72
eraser	104	farmland	271	freeze	52
escape	128	fashion	90	French fry	177
especially	32	fashionable	90	fresh	140
essay	154	fat	178	friendly	28
establish	152	fault	136	friendship	126
estimate	142	fee	162	frog	272
event	20	feed	20	front	116
eventually	172	female	172	front desk	256
exactly	174	fence	176	front door	176
examination	134	fever	44	frying pan	176
excellent	36	fight	38	fuel	270
except	170	figure	146	fulfill	134

full-time	46	guide	255	honor	162
fun	102	guidebook	256	hopeful	136
function	156	gym	240	horror movie	241
funny	102	**h ▸** habit	154	horse riding	242
furniture	128	hair salon	240	housework	82
further	106	haircut	96	however	18
g ▸ gain	132	Halloween party	178	huge	272
gallery	240	hallway	256	human	86
garage	176	handle	110	hummingbird	271
garbage	270	handsome	174	humor	154
garlic	177	happen	126	hunt	52
gather	38	hardly	62	hunter	52
general	106	harm	126	hurt	12
generally	106	harmful	118	**i ▸** ice hockey	242
generation	34	harmless	118	ice skating	242
gentle	102	harvest	152	idea	10
gently	102	hate	118	ideal	50
geography	272	headache	270	ignore	146
gesture	148	health	32	image	42, 70
gift shop	256	healthily	32	imagination	42
glad	22	healthy	32	imagine	42
global	74	heart attack	270	import	88
global warming	74, 270	heavily	34	importance	122
gloves	177	heavy	34	important	122
go	110	height	72	impossible	56
goat	271	helpful	76	impress	142
goldfish	271	hero	256	impression	86
goods	84	hide	28	improve	24
government	56	high	26, 72	improvement	84
grade	62	highland	271	include	92
gradually	132	high-quality	38	including	138
graduate	24	highway	241	inconvenient	124
graduation	40	hippopotamus	271	increase	22, 42
great	166	hire	68	indoor	150
greatly	166	historical	168	indoors	82
greeting	154	history	168	industry	120
grocery	144	hold	14	inexpensive	8
grocery store	240	hole	108	influence	66
grow	12	homestay	30	information	130
guard	255	hometown	136	information desk	240
guess	32	honest	110	injured	94
guest	26, 255	honestly	110	injury	94
guest room	176	honey	8	insect	272
		honeymoon	178	inside	160

277

instead	14	leave	10	manage	130
instruction	116	lecture	118	manager	255
instructor	116, 255	legal	162	marathon	242
instrument	24	lend	8, 58	march	158
intelligent	128	librarian	255	market	88
interest	38	license	116	marry	110
international	124	lifetime	140	mask	142
interview	24	lift	132	master	254
introduce	12	light	132	match	242
introduction	12	lighthouse	241	material	48
invent	66	like	16	maybe	50
inventor	255	likely	166	mayor	254
invitation	156	limit	40	meal	20
invite	156	limited	40	mean	20
iron	178	link	156	meaning	106
island	271	liquid	178	measure	146
issue	158	literature	272	medical	46
item	102	lizard	272	medicine	46
j▸ jacket	177	lobby	256	medium	116
jewelry	177	local	26	melt	32
join	66	locate	58	memorize	70
joke	56	location	58	memory	62
journey	154	lock	90	mention	110
judge	40	lonely	70	mess	86
jump	138	lose	8	messy	86
jungle	271	lost	82	metal	178
k▸ kangaroo	271	lost-and-found office		method	74
keyboard	256		240	microwave oven	176
kitten	271	loud	40	middle	112
knee	270	loudly	40	mild	138
know	108	low	26	million	128
knowledge	108	lower	174	mind	46
l▸ lamp	176	luck	16	mirror	176
laptop computer	256	luckily	16	miss	8
last	86	lucky	16	missing	116
late	26	lung	270	mistake	74
lately	26	**m**▸ magic trick	241	mix	150
later	8	mail carrier	254	mixture	150
lawn	176	mailman	254	model	254
lawyer	254	main	126	moment	150
lay	172	mainly	126	moreover	160
lazy	134	major	156	mostly	118
lead	60	majority	94	motorbike	256
leather	178	male	172	motorcycle	256

move	8	ocean	271	path	120
movement	140	offer	18	patient	255
movie theater	240	office worker	255	pause	158
muscle	270	officer	254	pay	14
musical	241	official	114	peace	140
musician	254	officially	114	peaceful	148
n ▸ named	18	often	154	peanut	177
narrow	52	opening	88	perfect	90
narrowly	152	operation	138	perfectly	90
nation	106	opinion	68	perform	30
national	106	opportunity	162	performance	66
national park	240	option	88	perhaps	50
nationality	96	orchestra	242	permission	142
natural	64	order	8	permit	142
nature	22	ordinary	138	personal	166
navigation	174	organization	54	photograph	114
navy	170	organize	114	photographer	254
nearby	36	origin	110	photography	242
nearly	104	original	100	pick	76
neatly	144	originally	100	pigeon	271
necessary	120	otherwise	68	pillow	176
necessity	120	outdoor	150	plain	96
necklace	177	outside	40, 160	planet	270
necktie	92, 177	overseas	102	plant	24
negative	138, 158	oversleep	86	plastic	178
neighbor	78	overtime	256	plate	176
neighborhood	44	overweight	168	poem	241
nephew	255	own	10	poet	254
nervous	38	owner	255	policy	126
network	106	**p ▸** pack	46	polish	104
nevertheless	164	package	34	polite	116
nobody	34	pain	150	pollution	270
noise	36	painful	150	popularity	76
noisy	32	painting	242	port	241
normal	152	parade	241	position	86
normally	152	park	48	positive	138, 158
note	144	parking lot	240	possible	56, 112
notice	26	partner	100	pour	56
nowadays	66	part-time	46	powerful	130
o ▸ obey	150	pass	48	praise	150
object	112	passenger	88	pray	112
objective	76	past	94	precious	156
observation	160	pasta	177	prefer	110
occupy	76	pastry	177	preparation	42

279

prepare	42	quit	28	remind	96
presentation	166	quite	158	remove	106
president	144	quiz	241	rent	22
press	98	**r▸** race	134	repair	14
pressure	86, 98	rainforest	270	repairman	255
pretend	58	raise	28	repeat	70
pretty	30	rapid	116	replace	80
prevent	170	rapidly	116	reply	64
price	80	rare	126	request	64
pride	152	rarely	126	require	124
principal	254	rat	271	rescue	74
privacy	136	reach	98	research	44
private	28	reaction	84	researcher	254
prize	74	ready	50	reservation	20
probably	84	real	134	reserve	46
process	106	reality	134	resort	162
produce	62	realize	76	resource	160
product	68	reason	18	respect	142
professional	84	receipt	60	response	158
professor	254	receive	36	responsibility	142
project	28	recent	10	responsible	142
promise	40	recently	10	rest	22
pronounce	80	receptionist	256	restroom	176
properly	148	recipe	48	result	104
propose	94	recognize	72	retire	122
protect	34	recommend	14	return	12
protection	34	recommendation	14	review	168
proud	152	record	56	reward	174
proudly	152	recover	54	rhythm	152
prove	148	recovery	54	ride	82
provide	50	recycle	170	ring	177
psychology	272	recycling	170	roast chicken	177
public	28, 84	reduce	114	rock-climbing	242
publish	26	refrigerator	176	role	150
punish	90	regular	52	roller coaster	241
puppet	241	regularly	56	rough	164
puppy	271	reject	146	round	272
purchase	134	relation	150	route	126
purpose	82	relative	164	rubber	178
q▸ quality	38	relax	30	rugby	242
quick	18	relaxing	122	rule	112
quickly	18	relief	76	rumor	146
quiet	108	remain	122	**s▸** sad	102
quietly	108	remember	12	sadly	102

safe	16	serious	92	slice	148
safely	66	seriously	92	slide	62
safety	108	serve	26	slip	136
sail	156	service	120	smart	144
sailboat	256	several	14	smell	72
sailor	254	sew	160	smoke	76
salary	116	shade	114	smooth	104
sales clerk	255	shadow	138	snack	177
salesperson	255	shake	68	snake	272
salmon	272	shape	102	snowboarding	242
sample	110	share	16	socially	158
sauna	240	shark	272	soil	270
save	20	sharp	70	soldier	255
scared	122	sharply	70	solve	32
scarf	177	shelf	176	someday	16
scary	86	shellfish	272	sometime	118
scene	48	shock	134	sometimes	186
scenery	170	shocking	134	somewhere	30
schedule	68	short	72	sound	104
science-fiction novel		shortage	72	souvenir	256
	241	shorten	138	soybean	177
scientist	254	shortly	172	space	58
scold	76	shout	168	special	10
score	54	showroom	240	species	168
scrambled egg	177	shuttle bus	256	specific	172
scream	70	side	62	speech contest	178
screen	256	sidewalk	241	spell	52
scuba diving	242	sight	174	spelling	52
seafood	177	sightseeing	256	spend	12
search	128	sign	120	spicy	130
seashore	271	signal	50	spider	272
secondhand	142	silence	80	spill	144
secret	44	silent	80	spirit	48
secretly	44	silk	178	sponge	178
section	100	silly	96	spot	60
security	74	silver	178	spread	84
seek	140	similar	42	stadium	240
seem	60	simple	72	staff	160
seldom	154	simply	86	stage	80
selection	86	sincerely	124	stairs	176
sense	130	sink	34	stamp	256
sentence	132	situation	174	stand	96
separate	118	skateboarding	242	stare	172
separately	90	skill	68	state	122

statement	122	symbol	92	training	68
statue	242	system	102	translate	130
steal	100	**t ▸** talent	122	translation	130
stomach	270	taste	22	translator	254
stomachache	270	tasty	124	transportation	154
storm	270	technique	162	trap	166
stove	176	technology	60	trash can	241
straight	272	teenager	255	travel	94
strange	30	temperature	28	treat	62
stranger	134	temple	241	trick	241
strawberry	177	terrible	78	trombone	242
strength	124	terribly	78	trouble	138
stress	124	theater	240	truck	94
stressed	124	theme	168	true	32
stressful	124	theme park	240	trumpet	242
stretch	124	therefore	114	trust	44
strict	118	thick	272	truth	32
strong	124	thief	255	tunnel	241
studio	240	thin	272	turn	144
subway	256	throughout	104	turtle	272
succeed	46	throw	156	twice	134
success	60	ticket machine	240	type	96
successful	32	ticket office	240	typical	96
suggest	20	tie	92, 177	**u ▸** unfortunately	58
suit	177	tiny	272	unhappy	78
suitcase	256	tool	104	unhealthy	32
sunburn	270	toothache	270	unique	166
sunlight	164	topic	130	unknown	166
sunrise	156	top-quality	38	unlike	142
sunset	156	total	52	unlikely	166
sunshine	146	totally	52	unusual	50
supply	164	touch	158	upset	100
support	62	tough	74	upstairs	136
surface	150	tour	98	useful	76
surfing	242	tourist	256	usual	50, 78
surprise	54	tournament	242	usually	78
surprise party	54, 178	toy	24	**v ▸** valuable	168
surprised	22	track	94	variety	82
surprisingly	128	trade	56	various	82
surround	44	tradition	52	vehicle	256
survival	56	traditional	52	vending machine	241
survive	56	traffic	124	victim	132
sweater	177	train	68	victory	48
switch	146	trainer	255	view	18

	viewer	255	weigh	48	wolf	271
	violent	88	weight	112	wonder	126
	volunteer	34	welcome	108	work	16
	voyage	58	wet	132	worry	14
w▸	waitress	255	whale	272	worth	140
	walk	104	whisper	38	wound	80
	wallet	177	whole	36	writer	254
	warn	64	wide	134, 156	wrong	16
	warning	64	widely	134	wrongly	16
	washing machine	176	width	156	**y▸** yell	56
	waste	24	wild	72	yoga	242
	wave	64	wildlife	72, 271	yogurt	177
	weak	94	wildly	72		
	wedding	178	wish	72		

熟語

a▸
a bunch of ~	218	at least	202	be interested in ~	180
a couple of ~	214	at once	188	be likely to *do*	232
a friend of mine	190	at present	222	be made from ~	184
a variety of ~	212	at risk	204	be made of ~	222
according to ~	228	at the moment	216	be poor at ~	204
advise + 人 + to *do*	226	at the most	214	be proud of ~	194
afford to *do*	212	at the sight of ~	210	be responsible for ~	206
after a while	238	**b▸** be about to *do*	206		
after all	208	be absent from ~	192	be satisfied with ~	210
agree to *do*	236	be afraid of ~	202		
all the way home	208	be allowed to *do*	230	be sick of ~	216
allow A to *do*	182	be aware of ~	226	be similar to ~	204
along with ~	198	be bad at ~	204	be sold out	188
and so on	194	be based on ~	194	be supposed to *do*	234
apart from ~	232	be concerned about ~	216	be sure to *do*	238
apply for ~	190			be tired of ~	228
as a result	188	be crazy about ~	206	be unlikely to *do*	218
as for ~	218	be different from ~	232	be used to ~	226
as usual	208			be used to *do*ing	184
as well	224	be familiar with ~	180	be worried about ~	190, 216
aside from ~	206	be happy to *do*	210		
ask for ~	188	be in danger	238	because of ~	180
ask + 人 + for ~	196	be in shape	214	become interested in ~	180
ask + 人 + to *do*	180	be in trouble with ~	220		
at a loss	210	be independent of ~	212	believe in ~	204
at first	180			break down	234

283

bring about 210	drop by 194	give a speech 218
bring back 230	drop off 226	give up *doing* 220
burn down 226	**e▶** each other 180	go against ~ 234
burst into laughter 216	eat out 238	go with ~ 212
	ever since 224	grow up 236
by accident 230	every other week 200	**h▶** had better *do* 184
by chance 196	**f▶** fall asleep 220	hand in 184
by far 234	fall down 222	hand in hand 184
by heart 202	far away 200	hand out 238
by mistake 182	feel like *doing* 232	hang up 196
by nature 234	feel sorry for ~ 212	have a chance of *doing* 204
by the end of ~ 234	fill out 192	have a seat 190
by the way 212	find out 186	have a sore throat 238
c▶ call back 190	for *oneself* 232	have trouble *doing* 220
call out 206	for a moment 212	have trouble with ~ 202
cannot help *doing* 212	for a while 234	
care for ~ 228	for certain 200	hear from ~ 222
carry out 220	for example 198	hundreds of ~ 208
catch up with ~ 214	for fear of ~ 212	**i▶** in addition 202
change *one's* mind 238	for free 184, 232	in advance 198
check in 206	for fun 216	in brief 214
check out 206	for instance 198	in case 222
cheer up 198	for nothing 232	in common 200
clean up 198	for now 224	in detail 236
close down 214	for sure 200	in fact 182
close to ~ 192	for the first time 186	in harmony 218
come out 214	forget *doing* 184	in line 238
come over 202	forget to *do* 184	in order to *do* 192
come to *one's* mind 206	from now on 232	in pairs 232
	g▶ get A done 230	in particular 232
come true 200	get along with ~ 182	in place of ~ 216
concentrate on ~ 200	get around 204	in spite of ~ 186
continue *doing* 186	get away from ~ 198	in the end 226
continue to *do* 186	get back 220	in the past 190
d▶ day off 202	get in shape 220	in time 192
decide to *do* 180	get in touch with ~ 228	instead of ~ 194
depend on ~ 226		intend to *do* 224
differ from ~ 198	get into shape 220	**k▶** keep *doing* 214
do *one's* best to *do* 188	get lost 228	keep A in mind 214
do well 192	get married 194	keep in mind that ... 182
dress up 218	get off 202	
	get on 202	
	get over ~ 190	
	get used to ~ 226	

keep in touch	194	
keep on *doing*	214	
keep up with ~	208	
l ▸ laugh at ~	198	
leave A for B	218	
little by little	228	
look after ~	182	
look forward to ~	182	
look into ~	234	
look over ~	220	
m ▸ major in ~	192	
make *one's* bed	206	
make a decision	186	
make a mistake	184	
make a new start	210	
make a speech	218	
make an effort to *do*	218	
make friends with ~	208	
make fun of ~	230	
make sense	230	
make sure (that) ...	184	
make sure to *do*	222	
make up *one's* mind	212	
might have *done*	224	
millions of ~	226	
mix up	216	
more and more	194	
more than ~	188	
n ▸ name A after B	188	
no longer	224	
o ▸ offer to *do*	206	
on and on	214	
on average	204	
on board ~	210	
on business	192	
on foot	194	
on purpose	228	
on sale	200	
on schedule	234	
on the other hand	204	
on the way to ~	210	
on time	182	
once in a while	186	
one by one	236	
out of order	224	
out of the question	208	
p ▸ pay attention to ~	14	
pay for ~	182	
pick up	180	
plenty of ~	192	
point out	230	
prefer A to B	236	
prefer to *do*	224	
prepare for ~	230	
print out	236	
put A in order	218	
put aside	206	
put away	196	
put down	186	
put on	196	
put out	226	
r ▸ reach for ~	196	
rely on ~	188	
result in ~	236	
right away	188	
run after ~	236	
run out of ~	190	
run over	202	
s ▸ search for ~	200	
see if ...	190	
seem like ~	228	
seem to *do*	180	
shake hands with ~	228	
share A with B	16	
shouldn't have *done*	224	
show + 人 + around ~	222	
shut down	214	
sign up for ~	226	
slow down	200	
so far	194	
sooner or later	196	
spend A *doing*	188	
stand by ~	230	
stand for ~	222	
stand out	236	
stay in bed	216	
stay in touch	194	
stay out	208	
stay up late	234	
succeed in *doing*	218	
such a ~ A	188	
such as ~	182	
suffer from ~	210	
t ▸ take A back home	220	
take a look at ~	186	
take a seat	190	
take after ~	196	
take away	192	
take care of ~	184	
take off	184	
take over	190	
take part in ~	186	
take place	238	
tell a lie	208	
tell + 人 + to *do*	222	
tend to *do*	230	
thanks to ~	196	
that way	216	
these days	200	
thousands of ~	208	
throw away	236	
try *one's* best to *do*	188	
try on	198	
turn A into B	238	
turn off	208	
turn on	208	
turn out to be ~	216	
u ▸ up to ~	224	
upside down	210	
used to *do*	180	
w ▸ wake up	228	
want + 人 + to *do*	196	
wear out	222	

when it comes to ~ 204	with luck 220	work on ~ 198
	without fail 204	write down 202
with care 186	work for ~ 232	~ enough to *do* 250

構文

a▸ although ... 244
as ~ as ever 248
as ~ as possible 252
as if ... 248
A as well as B 252
b▸ both A and B 244
c▸ could have *done* 250
e▸ either A or B 250
enough A to *do* 244
even if ... 246
even though ... 244
f▸ find it ... to *do* 248
h▸ have + 人 + *do* 252
hear + 人 + *do*ing 246
i▸ if it had not been for ~ 246
It is ~ (for + 人) to *do*. 246
It looks like 250
It seems that 252
k▸ keep A from *do*ing 248
l▸ leave A ~ 252
let + 人 + *do* 244
m▸ make A *do* 246
make A B 244
make it ~ for + 人 + to *do* 246
make it ~ to *do* 252

more ~ than A expected 250
n▸ neither of A 250
none of A 248
not ~ anymore 246
not ~ at all 248
not as ~ as A expected 248
not only A but (also) B 246
not so much A as B 250
o▸ once ... 246
s▸ see + 人 + *do* 252
so ~ that ... 248
so that ... 246
some ~, others ... 250
t▸ too ~ to *do* 244
twice as ~ as A 252
u▸ unless ... 248
until ... 244
w▸ whatever ... 252
whenever ... 244
wherever ... 252
whether ... or not 250
while ... 244
whoever ~ 248
will have *done* 250

会話表現

a▸ Anything will do. 262
Are you ready to order? 267
Attention, ~. 262
d▸ Do you mind if ...? 260
Don't miss this chance. 265
f▸ feel free to *do* 267
Frankly speaking, 261
g▸ go ahead and *do* 259
Good luck! 264
Guess what! 264

h▸ Here you are. 268
Here you go. 268
How about *do*ing ~? 260
How long will it take? 266
i▸ I bet ... 267
I guess so. 269
I have no idea. 261
I have something to say about ~. 258
I need a favor. 269

I was wondering if you could ~.	260	Sounds fun.	260
I wish … .	259	Sounds like fun.	260
I'd prefer it if ~.	267	A speaking.	264
If only … .	262	**t ▸** That sounds great.	266
if possible,	265	That sounds like fun.	260
if you don't mind	263	That would be great.	263
I'll take it.	266	That's fine with me.	266
I'm afraid ~.	258	That's good to hear.	265
I'm not sure … .	259	That's right.	259
Is it all right if …?	266	That's terrible.	265
Is it possible to *do* ~?	263	That's very kind of you.	264
It depends.	268	That's very nice of you.	264
It sure is.	268	That's why … .	263
It's ~ walk.	268	There is no doubt about it.	260
It's time for ~.	269	This is A calling.	266
It's time to *do* ~.	269	To be honest with you,	262
It's up to you.	260	To begin with,	261
I've had enough.	265	To tell you the truth,	268
l ▸ Leave me alone.	261	**w ▸** Welcome to ~.	258
Let me *do* ~.	258	What do you think of ~?	258
m ▸ May I have your name?	265	What happened to A?	267
May I speak to A, please?	267	What if …?	268
May I take a message?	261	What's the matter?	263
May I take your order?	267	What's wrong with ~?	263
Me, too.	261	What's wrong?	269
n ▸ Neither did I.	262	Why don't we ~?	262
no doubt about it	260	Why don't you ~?	259
No, I'm afraid not.	264	Why not *do* ~?	269
o ▸ on earth	258	Would it be possible to *do* ~?	263
s ▸ say hello to ~	264	would rather *do*	259
So do I.	261	**y ▸** You have the wrong number.	269

●ロゴポート
語学書を中心に企画・製作を行っている編集者ネットワーク。編集者、翻訳者、ネイティブスピーカーなどから成る。主な編著、編集協力書に『出る順で最短合格！ 英検®1級 語彙問題完全制覇』『英会話ぴったりフレーズ3000』（ジャパンタイムズ）がある。

編集協力：日本アイアール株式会社

出る順で最短合格！ 英検®準2級 単熟語EX

2015年7月5日　初版発行

編　者	ジャパンタイムズ＆ロゴポート
	©The Japan Times, Ltd. & Logoport, 2015
発行者	小笠原 敏晶
発行所	株式会社 ジャパンタイムズ
	〒108-0023 東京都港区芝浦4丁目5番4号
	電話　　　　（03）3453-2013［出版営業部］
	振替口座　　00190-6-64848
	ウェブサイト　http://bookclub.japantimes.co.jp
印刷所	図書印刷株式会社

本書の内容に関するお問い合わせは、上記ウェブサイトまたは郵便でお受けいたします。定価はカバーに表示してあります。

万一、乱丁落丁のある場合は、送料当社負担でお取り替えいたします。ジャパンタイムズ出版営業部あてにお送りください。

Printed in Japan　ISBN978-4-7890-1609-4